O SEGURO E AS SOCIEDADES COOPERATIVAS

— *Relações Jurídicas Comunitárias* —

S586s   Silva, Ovídio Araújo Baptista da
O seguro e as sociedades cooperativas: relaçoes jurídicas comunitárias / Ovídio A. Baptista da Silva. – Porto Alegre: Livraria do Advogado Editora, 2008.
166 p.; 23 cm.
ISBN 978-85-7348-544-8

1. Seguro. 2. Cooperativa. 3. Previdência privada. I. Título.

CDU – 368

Índices para o catálogo sistemático:
Cooperativa   347.726
Previdência privada 351.84
Seguro   368

(Bibliotecária responsável: Marta Roberto, CRB-10/652)

Ovídio A. Baptista da Silva

O SEGURO E AS SOCIEDADES COOPERATIVAS
— *Relações Jurídicas Comunitárias* —

Porto Alegre, 2008

© Ovídio A. Baptista da Silva, 2008

Capa, projeto gráfico e diagramação
Livraria do Advogado Editora

Revisão
Rosane Marques Borba

Direitos desta edição reservados por
Livraria do Advogado Editora Ltda.
Rua Riachuelo, 1338
90010-273 Porto Alegre RS
Fone/fax: 0800-51-7522
editora@livrariadoadvogado.com.br
www.doadvogado.com.br

Impresso no Brasil / Printed in Brazil

Sumário

Prefácio 7

1. Conceito de ato cooperativo 17
2. Natureza jurídica do contrato de previdência privada 43
   2.1. O instituto de segurança e a previsibilidade humana 43
   2.2. O conceito de seguro 45
   2.3. Natureza jurídica do seguro mútuo 49
   2.4. Seguro mútuo e figuras jurídicas afins 52
   2.5. Execução do contrato de seguro mútuo 60
   2.6. Previdência social e previdência privada 65
   2.7. Conclusões 69
3. Direitos individuais homogêneos e relações comunitárias 73
4. Ação direta da vítima contra o segurador 99
5. Cooperativa associa da a uma companhia 113
6. Natureza jurídica do "Monte de Previdência" 123
7. Penhor em direito de crédito 135
8. Respondabilidade do sócio retirante 141
9. Previdência privada e o INSS 149

Índice onomástico 165

Prefácio

Os textos reunidos neste volume não têm ligação com meus compromissos acadêmicos, com minhas responsabilidades enquanto professor e escritor de obras jurídicas. Ao contrário, são o fruto de minha longa experiência prática, como advogado forense, atividade que exerço, ininterruptamente, há cinqüenta e seis anos.

Decidi-me a reuni-los, para publicação, por considerar que as questões relativas ao direito das sociedades cooperativas, além de pouco abordadas pela doutrina, não encontram o tratamento que seria de esperar de nossos tribunais.

Os estudos, porém, não vão além de pareceres e ensaios sem qualquer pretensão doutrinária mais ambiciosa. Trata-se de estudos cujo principal objetivo é provocar o debate sobre questões que, a meu juízo, revestem-se de significativo interesse econômico e jurídico.

No que se refere às cooperativas, raros são os estudos que se aventuram a enfrentar as questões conceituais de maneira adequada e com alguma consistência teórica. A própria lei das sociedades cooperativas não dispõe de um conceito satisfatório do "ato cooperativo", enquanto categoria básica para o sistema cooperativista.

O novo Código Civil, do qual seria lícito esperar uma contribuição de maior peso, omitiu-se de caracterizar, em texto, o que seja um "ato cooperativo".

A explicação para a pobreza da produção bibliográfica, nestas questões, assim como para o desinteresse, tanto dos civilistas quanto dos juristas dedicados ao chamado "direito econômico", é perfeitamente conhecida. Tanto o contrato de seguro, em suas múltiplas expressões, desde o seguro capitalista até o chamado "contrato de previdência privada", aproximam-se das relações jurídicas cooperativas.

Essas duas instituições – o seguro e a cooperativa – irmanam-se através de um elemento comum: o sentido *comunitário*, a ambos inerente.

Mesmo o chamado "contrato de seguro", de tipo "capitalista", mal consegue ocultar a natureza de um negócio jurídico de índole *comunitária*.

A suposição de que o seguro (capitalista) seja expressão de uma relação jurídica bilateral, como o Código Civil dá a entender no art. 757, a vincular o segurado ao segurador, não tem o menor fundamento. O contrato de seguro, seja ele um seguro administrado por empresa capitalista, seja um "seguro mútuo" – de que o Código Civil não trata, mas integra-se como uma instituição de previdência privada –, ou, enfim, o negócio jurídico de previdência estatal, nenhum deles, é uma relação jurídica bilateral. A rigor, nem mesmo são contratos, na acepção estrita deste conceito.

Como o nosso sistema de direito privado conserva-se ligado às fontes romanas, que concebiam o direito como uma relação rigorosamente bilateral, é compreensível que o contrato haja desempenhado um papel fundamental, na destruição do *comunitarismo* medieval. O prestígio do princípio *pacta sunt servanda*, para o direito moderno, o confirma.

Max Weber conceitua assim a relação comunitária: "Uma relação social denomina-se relação comunitária quando e na medida em que a atitude na ação social – no caso particular ou em média ou no tipo puro – repousa no *sentimento* subjetivo dos participantes de pertencer (afetiva ou tradicionalmente) *ao mesmo grupo* (*Economia e sociedade*, versão portuguesa da Editora da Universidade de Brasília, 1991, vol. I, § 9, p. 25).

A afetividade, ou como diz Weber, o sentimento subjetivo de participar de um *mesmo grupo*, caracteriza a relação comunitária, ao contrário do que acontece nas relações negociais, em que preponderam interesses antagônicos entre os participantes.

Pouco mais adiante, procurando distinguir as relações comunitárias das associativas, escreve Max Weber: "As relações associativas, ao contrário, muitas vezes nada mais são do que compromissos entre interesses antagônicos, que eliminam apenas uma parte dos objetos ou meios de luta (ou pelo menos tentam fazê-lo), deixando em pé a própria oposição de *interesses* e a *concorrência* pelas melhores possibilidades (p. 26).

Não se pode, igualmente, ignorar a decisiva contribuição de Henry Summer Maine, contra o *comunitarismo*, ao afirmar, em seu clássico estudo sobre o direito antigo, que "o movimento das sociedades progressistas tem sido, até o presente, um movimento do *status* ao *contrato*" (*O direito antigo*, Londres, 1881, versão espanhola, México, Editorial Extemporáneos, 1979, p. 102).

A bilateralidade da relação jurídica harmoniza-se com a ideologia moderna, apoiada na autonomia individual, produtora, como disse Zygmunt Bauman, de uma "comunidade de solitários" (*A comunidade*, original de 2001, Oxford, Inglaterra, versão portuguesa Jorge Zahar, 2003, Rio de Janeiro, p. 64).

A partir do momento em que a concepção clássica do Direito, oriunda da filosofia grega, foi superada pelo voluntarismo, que caracteriza o direito moderno, para o qual o Direito tornou-se um poder da vontade de alguém sobre a vontade de outrem, compreende-se que nossa cultura jurídica tenha dificuldade em lidar com relações de índole comunitária.

Se conceituarmos o jurídico como o poder da vontade que o titular legitimamente exerce, contra outrem, não teremos como conceber uma relação que envolva dezenas ou centenas de milhares de pessoas, como sujeitos passivos de nossas pretensões, ou de nossos direitos, enquanto exigências, de modo a configurar uma relação jurídica, como acontece no contrato de seguro e pode, igualmente, acontecer na relação jurídica cooperativa.

Dificuldade análoga, decorrente da pressuposta *bilateralidade* da relação jurídica, está no embaraço da doutrina em lidar com os direitos absolutos, aqui compreendidos os direitos reais, atribuindo-lhes o que, para o conceito de *pretensão*, proposto por Windscheid, teria de corresponder a uma pretensão dirigida *erga omnes*, ou seja, uma pretensão não mais caracterizada por sua *bilateralidade*, que é sua a marca genética, mas uma pretensão, enquanto exigibilidade, dirigida contra todos.

Não devemos esquecer que Windscheid construiu o conceito de pretensão a partir do conceito de *actio* do direito privado romano, que, como sabemos, se originava de uma relação obrigacional, em procedimento estritamente bilateral, a ponto de o processo romano sequer conceber uma demanda com pluralidade de partes.

Além disso, sendo o procedimento da *actio* destinado a instrumentalizar pretensões obrigacionais, caracterizadas pela "oposição de interesses" entre as partes, nele não caberiam as relações humanas cooperativas, solidárias, nas quais os participantes, antes de representarem, entre si, opostos interesses, associem-se em torno de um projeto comum, de mútua colaboração, com vistas a um objetivo comum.

Nesta perspectiva, como é natural, torna-se inútil, ou inviável, conceber uma pretensão *erga omnes*, uma pretensão que possa ser dirigida contra todos, pois seria inconcebível que alguém pudesse ter direito (pretensão), enquanto oposição de interesses, dirigida contra "obrigados" absolutamente indeterminada, além de totais.

O tratamento das relações jurídicas cooperativas deixa à mostra a importante distinção entre comunidade e sociedade, uma das célebres questões que tem ocupado o interesse dos sociólogos.

É aqui que se torna visível a distinção entre uma sociedade mercantil e uma *sociedade comunitária*. O êxito ou o fracasso de uma sociedade mercantil nada têm a ver com o êxito ou o fracasso econômico de seus sócios.

As obrigações dos sócios de uma sociedade mercantil resumem-se no aporte da parcela de capital exigida de cada sócio e, eventualmente, na obrigação de participar da gestão dos órgãos diretivos da empresa.

O sucesso econômico dos sócios, porém, não se reflete necessariamente no sucesso econômico da empresa. A recíproca é também verdadeira: o sucesso econômico da sociedade mercantil não impedirá que os sócios sofram revezes e fracassos em seus negócios.

Há independência entre a vida econômica dos sócios e a vida econômica da sociedade mercantil. Em última análise, os objetivos da empresa são independentes dos objetivos econômicos dos sócios.

Ao contrário, nas relações jurídicas comunitária, existe uma íntima interdependência entre a atividade dos sócios e os resultados alcançados pela sociedade. É que, nestas, existe, com maior ou menor intensidade, o *fator condominial* que a todas envolve.

Mesmo no seguro capitalista, os segurados não deixam de manter-se, em certo sentido, condôminos das reservas constituídas por suas contribuições.

A relação jurídica entre a empresa capitalista e a "economia coletiva", formada pelas contribuições dos segurados, não se identifica com uma relação jurídica de propriedade plena, como se daria se conceituássemos o seguro como um contrato bilateral, em que cada segurado "comprasse" segurança, mediante o pagamento dos prêmios respectivos.

A propriedade da seguradora sobre o "monte", de onde haverão de sair as indenizações devidas aos segurados, é uma propriedade onerada com encargo.

Na verdade, o segurado conta com o "monte" constituído pelas contribuições do grupo, para a obtenção da indenização que lhe corresponde.

Se, numa hipotética eventualidade, a "economia coletiva" desaparecer, o suposto contrato de "compra" feito pelo segurado igualmente desaparecerá.

É que, ao contrário do que se imagina, não existem tantos contratos de seguro quantos sejam as relações estabelecidas pelos segurados, individualmente, com a seguradora.

O contrato de seguro existirá somente se houver milhares de negócios jurídicos idênticos, ajustados pelos demais segurados. Daí seu caráter de contrato unitário, envolvendo, de um lado, a seguradora, seja privada ou estatal, e de outro, a coletividade dos sócios.

Ele estará segurado porque conta com a solidariedade da coletividade de contribuintes. É do "monte", não da empresa seguradora, que o segurado obtém a indenização devida pelo sinistro. A empresa seguradora é uma gestora da poupança coletiva. Daí ser correto aproximá-la à figura do *trustee* do direito anglo-americano, uma espécie de gestora da "poupança coletiva" dos segurados.

Embora a doutrina moderna tenha tentado proscrever as relações comunitárias, considerando-as um anacronismo medieval, como pensava Summer Maine, estou convencido de que, na ampla revisão que ora se faz da modernidade, especialmente da modernidade no Direito, está perfeitamente justificada a investigação de certas configurações culturais, legadas pelo passado, pois como mostrou Konrad Lorenz, em obra extraordinária, uma das causas mais dramáticas e potentes da crise de nossa civilização é, precisamente, a "perda da tradição" (*La acción de la naturaleza y el destino del hombre*, versão espanhola, da edição alemã de 1978, Alianza Editorial, 1988, Madrid, p. 236).

Vivemos uma civilização sem passado e sem futuro, num eterno presente incolor, emoldurado pelo pensamento niilista de que nada se pode fazer, capaz de transformar o curso da História.

Ao falar em civilização sem passado, ou de civilização que renega sua tradição, ocorre-me recordar estas observações de outro filósofo consagrado e insuspeito, ao mostrar a relevância da História como referencial para a vida cultural dos povos, e indicar a relação entre progresso material e espiritual de uma época e o maior ou menor impulso no sentido da cultura histórica: "Toda ciência, toda cultura, especificamente elaborada e promovida, relaciona-se com a necessidade geral de manter e aumentar a vida civil e ativa da sociedade; e quando tal impulso é escasso, a cultura histórica é mínima, como se observou nos povos do oriente; e quando acontece uma brusca ruptura ou uma parada no andamento da civilização, como na Europa da primeira Idade Média, a historiografia cala-se quase que de todo e barbariza-se justamente com a sociedade de que é parte" (Benedetto Croce, *A História - Pensamento e ação*, original italiano de 1954, versão brasileira de 1962, Zahar Editores, Rio de Janeiro, p. 14).

Embora o pensamento oficial recuse-se a aceitar a idéia de que o *comunitarismo* possa renascer, dando-nos condições de pensá-lo como uma utopia realizável, a verdade é que a corrente que reconhece no sentimento de solidariedade social uma exigência da condição humana, tem-se mostrado atualmente mais vigorosa.

Estas observações de Zygmunt Bauman resumem atualmente nosso estado de espírito, a respeito de comunidade: "Para nós em particular – que vivemos em tempos implacáveis, tempos de competição e de desprezo pelos mais fracos, quando as pessoas em volta escondem o jogo e poucos se interessam em ajudar-nos, quando em resposta a nossos pedidos de ajuda ouvimos advertência para que fiquemos por nossa própria conta, quando só os bancos ansiosos por hipotecar nossas posses sorriem desejando dizer 'sim', e mesmo eles apenas nos comerciais e nunca nos escritórios – a palavra 'comunidade' soa como música aos nossos ouvidos. O que essa palavra evoca é tudo aquilo de que sentimos falta e de que precisamos para viver seguros e confiantes. Em suma, 'comunidade' é o tipo de mundo que não está, lamentavelmente, a nosso alcance – mas no qual gostaríamos de viver e esperamos vir a possuir. Raymond Williams, atento analista de nossa condição comum, observou de modo cáustico que o que é notável sobre a comunidade é que 'ela sempre foi'. Podemos acrescentar: que ela sempre esteve no futuro – mas a que esperamos ansiosamente retornar, e assim buscamos febrilmente os caminhos que podem levar-nos até lá" (*Comunidade*, p. 9).

Sobre esta questão, sempre encarada, pelo pensamento moderno, como ingênuo saudosismo, cabe invocar a autoridade insuspeita de John Dewey, o grande filósofo de *pragmatismo* americano, ao afirmar o seguinte, no longínquo ano de 1927, em ensaio sobre a democracia – sob o sugestivo título de *Em busca da grande comunidade*: "Nesse sentido, a cura para a democracia é mais democracia. A principal dificuldade, como vimos, é descobrir os meios pelos quais um público disperso, inconstante e múltiplo possa se reconhecer de forma a definir e expressar seus interesses. Essa descoberta deve necessariamente preceder qualquer mudança fundamental no mecanismo. Não estamos preocupados, portanto, em dar conselhos sobre melhorias aconselháveis nas formas políticas da democracia. Muitas foram sugeridas. Não é nenhuma depreciação do seu valor relativo dizer que a consideração dessas mudanças não é, atualmente, algo de fundamental importância. O problema é mais profundo; é, em primeira instância, um problema intelectual: a busca das condições sob as quais a Grande Sociedade pode se tornar a Grande Comunidade. Quando essas condições passarem a existir elas farão as suas próprias formas" (*Democracia cooperativa - Ensaios políticos escolhidos*, EDIPUCRS, 2008, p. 54).

O sonho, que tem embalado o pensamento dominante, de que, afinal, estaríamos próximo a alcançar o ideal de uma compreensão universal e homogênea da vida e de seus problemas, pela construção de uma visão *universal* dos processos sociais e políticos, é uma suposição inteiramente equivocada, como adverte Boaventura de Souza Santos, aludindo a uma observação de Wallerstein, "a cultura é por definição um processo social construído sobre a intersecção entre o universal e o particular" (*Globalização - Fatalidade ou utopia* - obra coletiva, Edições Afrontamento, 2001, Porto, 3ª ed., p. 54).

Prossegue o conhecido sociólogo português: "De modo convergente, Appadurai afirma que o cultural é o campo das diferenças, dos contrastes e das comparações. Poderíamos até afirmar que a cultura e, em sua definição mais simples, a luta contra a uniformidade".

Boaventura de Souza Santos volta a mencionar Wallerstein, a respeito da tríplice ruptura indicada pelo sociólogo americano, para quem " a expansão econômica mundial está a conduzir à mercadorização extrema da vida social e à extrema polarização (não só quantitativa mas também social) e, como conseqüência, está a atingir o seu limite máximo de ajustamento e de adaptação e esgotará em breve sua capacidade de manutenção dos ciclos rítmicos que são o seu bater cardíaco" (ob. cit. p. 94).

Ocorre-me aludir à profética observação de outro gigante do pensamento social contemporâneo, sem dúvida um dos maiores economistas do século XX, ao prever que o êxito final do capitalismo seria a sua derrota. Ele não seria vencido por seus inimigos, mas pelo seu definitivo sucesso: "A tese que me esforçarei por estabelecer é a de que o desempenho real e esperado do sistema capitalista se faz de maneira a negar a idéia de seu colapso sob o peso do fracasso econômico; mas seu próprio êxito solapa as instituições sociais que o protegem e 'inevitavelmente' cria condições em que ele não é capaz de viver e que apontam com força para o socialismo como seu herdeiro virtual" (Joseph Schumpeter, *Capitalismo, socialismo e democracia*, versão brasileira da edição inglesa de 1979, Zahar Editores, Rio de Janeiro, 1984, p. 87).

Mesmo sabendo que os temas versados nesta obra, vistos da perspectiva com que os tratei, não contarão com o entusiasmo da grande maioria, penso que o livro poderá servir de desafio aos estudiosos que, é minha esperança, contribuam com suas críticas, de modo que se possa avançar nesse terreno que reputo de grande relevância.

No que diz respeito ao processo civil, ainda sobreleva considerar que os contratos de seguro e, em certo sentido, também o cooperativismo, oferecem formas notáveis de tutela preventiva, cada vez mais exigida pela "sociedade do risco" (Ulrich Beck), que nosso sistema processual é incapaz de prestar.

Porto, Alegre, março de 2008.

Ovídio A. Baptista da Silva

1. Conceito de ato cooperativo

A Cooperativa descreve-nos as circunstâncias a seguir resumidas, solicitando-nos parecer sobre as questões constantes dos quesitos a seguir indicados.

a) Em virtude da ampliação do mercado internacional, determinada pela crescente importância da posição do Brasil no campo da produção de combustíveis de origem vegetal, a consulente necessita esclarecer certas questões legais, indispensáveis como suporte estratégico, visando à defesa e expansão de sua atividade comercial, em campo de extrema concorrência empresarial.

b) As dimensões econômicas e a complexidade de seu comércio envolvem, como é natural, a organização de inúmeros serviços e instrumentos conexos, indispensáveis à consecução de seus objetivos estatutários, tais como, uma frota de transporte e um terminal marítimo, destinado à exportação da produção que, segundo o estatuto, lhe cabe pôr nos mercados externos, firmando, com empresas do exterior, contrato de exportação, de médio e longo prazos, estabelecidos em moeda estrangeira, bem como, em virtude das mesmas circunstâncias de mercado, praticar operações de "hedge" na bolsa de Nova Iorque, indispensáveis como proteção a esses contratos de exportação, de modo a atender suas finalidades e compromissos estatutários.

c) A contabilização dos rendimentos financeiros, decorrentes das operações de "hedge", provoca conseqüências jurídicas de natureza civil e tributária. No que respeita aos efeitos de natureza civil, é necessário determinar o destino dessas receitas, segundo elas sejam, ou não, consideradas atividades necessariamente decorrentes do ato cooperativo típico. A questão tributária está em que os rendimentos do ato cooperativo não sofrem incidência do IR, nem da CSL, para, eventualmente, serem tributados no âmbito do patrimônio dos cooperados. Caso esses rendimentos não sejam considerados operações decorrentes do ato cooperativo típico, então haverá tributação integral, no âmbito patrimonial da Cooperativa.

d) Igualmente integra seus objetivos institucionais, assim contemplados em estatuto, o apoio financeiro a seus associados, através do financiamento de safra, instrumento de crédito amplamente utilizado pelo sistema cooperativista brasileiro. Estas operações geram, como é natural, rendimentos financeiros, em favor da Cooperativa, a serem contabilizados como receita.

1.2. Quesitos

Com base nos esclarecimentos precedentes, deseja a consulente saber se as seguintes operações estarão abrangidas pelo ato cooperativo: a) as aplicações financeiras em bancos, destinadas à proteção estratégica dos recursos de comercialização, durante os períodos de retenção de numerário, para fazer frente a obrigações ou contingências de exigibilidade futura; b) o mútuo firmado entre a consulente e seus associados com recursos da comercialização, provenientes de valores de adiantamentos de rateios de safra, superiores ao direito de crédito; c) o contrato ajustado com seus associados, com recursos próprios ou de terceiros, para financiamento da produção, por período eventualmente superior a um exercício social; d) O resultado das operações de "hedge", seja como perda ou como ganho de capital, deve ser contabilizado, respectivamente, como despesa e como receita, ainda que, em contrapartida, a consulente tenha um maior ou menor resultado, também respectivamente, em suas vendas para o exterior. e) Tendo em vista as considerações precedentes, deve-se considerar as operações de "hedge" e os respectivos resultados financeiros uma expressão jurídica do ato cooperativo?

1.3. Parecer

1) A resposta aos quesitos impõe que se tenha uma compreensão adequada da natureza de uma sociedade cooperativa, de modo a distingui-la das demais pessoas jurídicas de direito privado.

Tendo em vista suas especiais características econômicas, parece conveniente iniciar com a investigação de algumas questões responsáveis pelas dúvidas e incompreensões encontráveis tanto na doutrina, quanto na jurisprudência, a respeito do ente cooperativo. Referimo-nos a sua particular característica de ser uma sociedade baseada na idéia de solidariedade social, princípio que a torna distinta, por esta circunstância, das empresas comerciais, embora, como estas, opere nos mercados; o que a torna, por esta particularidade, distinta das sociedades civis, tratadas pelo Código Civil, como "sociedades simples".

As incompreensões decorrem da circunstância de ser a cooperativa uma entidade de índole *comunitarista*, de que se origina uma especial relação entre ela e seus associados.

A relação básica, institucional, entre a sociedade cooperativa e seus sócios assinala, de maneira inconfundível, sua principal característica. Ao contrário das sociedades mercantis, costuma-se dizer que a cooperativa presta serviços aos próprios sócios.

Walmor Franke, um dos mais conceituados doutrinadores brasileiros, surpreendeu a distinção entre uma cooperativa e uma corporação capitalista deste modo: "A posição ideológica do cooperativismo, como doutrina da Solidariedade, eqüidistante do individualismo capitalista e das diversas formas em que se expressa o coletivismo, é reafirmada na problemática cooperativista moderna, como uma das características fundamentais do movimento" (*Direito das sociedades cooperativas*, Ed. Saraiva, 1973, n° 2).

As dificuldades na compreensão do que seja uma cooperativa reside essencialmente nisso. O Direito, na sua dimensão subjetiva, é compreendido, no direito moderno, como uma relação de "conflito de interesses", não como uma relação "cooperativa", nunca como uma conduta solidária, entre os sujeitos de uma determinada relação jurídica.

Modernamente, o Direito é pensado como suporte para a concorrência, não como uma relação *solidária* entre os sujeitos implicados na relação jurídica. Isto determina a dificuldade com que, freqüentemente, os tribunais e a própria doutrina lidam com a entidade cooperativa. Basta ver que ela é uma sociedade que opera no mercado, porém não visa à obtenção de lucro. Embora operando, ao lado das corporações mercantis, destas se distingue por essa peculiaridade essencial.

2. Buscando estabelecer suas notas conceituais, podemos valer-nos de alguns critérios consagrados pela doutrina brasileira, sem, no entanto, aceitar certas proposições, como aquela de a cooperativa ser uma entidade gerida segundo princípios democráticos, ou manter neutralidade política e religiosa, ou ser uma sociedade destinada a beneficiar seus associados, proposições, como facilmente se percebe, que nada têm a ver com o conceito. Elas são verdadeiras, mas ficam longe de oferecer um critério que permita conceituar a sociedade cooperativa.

A dificuldade antes indicada, de ser a cooperativa uma entidade que participa do mercado, sem visar à obtenção de lucro, sugere que esse tipo especial de pessoa jurídica seja uma anomalia econômica, uma empresa cujo objetivo entraria em conflito com os princípios da economia política moderna.

Na verdade, são conhecidos os episódios na história do cooperativismo em que seus promotores chegaram a ser perseguidos pelos órgãos policiais, sob a acusação de professarem estranhas doutrinas econômicas. A cooperativa, porém, não é contra o sistema capitalista e nem contra seu oposto, o sistema socialista. Ela convive bem com qualquer deles, buscando apenas cortar-lhes os excessos.

A idéia comum que se tem de uma cooperativa funda-se na suposição de que as empresas mercantis terão ampla liberdade de conduta, para consecução de seus objetivos, podendo praticar tudo o que não seja *vedado por lei*, enquanto a cooperativa, ao contrário, somente poderia praticar o que lhe fosse *permitido por lei*.

Para as empresas comerciais, tudo o que não seja "expressamente proibido" será lícito. Para a cooperativa, tudo o que não seja "expressamente autorizado" seria proibido. Para as sociedades comuns, o campo de atividade empresarial abarcaria o espaço genérico da licitude. Para a cooperativa, imagina-se, tudo o que não fosse permitido, seria ilícito. Este, a nosso ver, é o fundo cultural responsável por muitos equívocos, quando se busca conceituar uma sociedade cooperativa.

3. Em parecer publicado pela Revista dos Tribunais (vol. 738), registramos o pensamento de um eminente jurista contemporâneo, conhecido por seus estudos sobre história do direito, ao mostrar a dificuldade com que a doutrina européia se concilia com as relações jurídicas de índole *comunitária*, ao revelar a incompatibilidade entre o que ele denomina *"pathos da concorrência"* e *"pathos da colaboração"* (Franz Wieacker, *Diritto privato e società industriale*, edição alemã de 1974, versão italiana de 1983, Nápoles, p. 37).

Segundo Wieacker, a concepção do Direito como uma relação *comunitária*, as relações entre condôminos, por exemplo, violenta a compreensão que temos do fenômeno jurídico. Escreve o jurista: "Gli organi cooperativi, quali l'assemblea dei condomini e l'ammistrazione costituiscono una singolare contraddizione nei confronti di una forma esteriore rigorosamente privatisca, e il distacco di questa nuova figura dal diritto privato classico, si revela pienamente nell'applicazione della giurisdizione volontaria in luogo della giurisdizione contenziosa" (ob. cit., p. 34).

4. Mas existem outros fatores. Um deles é a circunstância de ser o cooperativismo um *movimento* que se expressa através de múltiplas expressões objetivas, envolvendo desde as cooperativas propriamente de serviços, como as que congregam médicos ou membros de outras profissões, até aquelas em que o ato cooperativo não envolve a prestação pessoal de serviços por seus associados, como as cooperativas de consumo e de venda em comum.

A questão central para a conceituação do que seja uma cooperativa está, portanto, na compreensão do conceito e dos limites do ato cooperativo. A investigação pode ser iniciada pela comparação entre o "ato cooperativo" e o "ato de comércio".

Se compararmos o "ato de comércio", fenômeno central na caracterização de uma empresa mercantil, com o "ato cooperativo", veremos que este, tal como o conceitua o art. 79 da Lei 5.764, não prescinde de atos jurídicos *conexos*, atos *externos*, praticados pela entidade com terceiros, indispensáveis à realização de seus objetivos institucionais. É o que ocorre também com o ato de comércio, enquanto instrumento destinado a realizar os objetivos perseguidos pelas empresas mercantis.

5. Como sabemos, a caracterização do *ato de comércio* exerce um papel relevante para a doutrina do Direito Comercial. Não seria exagero dizer que todo o direito mercantil qualifica-se a partir do conceito de *ato de comércio*. Sua compreensão, no entanto, pressupõe a existência de duas grandes categorias de *atos de comércio*, aqueles que teriam, *stricto sensu*, essa natureza, e os atos, tidos igualmente como atos de comércio, que lhe sejam *funcionalmente* conexos ou dependentes.

O Prof. Waldemar Ferreira, invocando a parêmia latina *"accessiorium sequitur suum principale"*, classificava os atos de comércio dividindo-os em duas espécies, segundo este critério: "Os atos jurídicos se comercializam assim por sua natureza, como por sua finalidade. Reputam-se comerciais por se incompreenderem fora da atividade mercantil. Entretecem-na, realizando atividade medianeira entre produtor e consumidor com intuito lucrativo no jogo da oferta e da procura... Fora de controvérsia está, no entanto, a comercialidade de muitos atos jurídicos, praticados por comerciantes, no e para o exercício de sua indústria mercantil. Examinados por sua natureza, podem ser civis. Tornam-se comerciais, todavia, por sua conexidade com o comércio do agente; ou por serem dele dependentes" (*Tratado de direito comercial*, Edição Saraiva, vol. 1º, 1960, p. 328/329).

Aliás, não será demasia destacar o caráter bifronte dos atos de comércio, a partir da própria natureza dúplice da compra e venda, que é seu núcleo conceitual. Como mostra o antigo lente da Universidade de São Paulo, haverá sempre no contrato de compra e venda, para revenda, um vendedor que poderá não ser comerciante. A razão é que não haverá compra sem venda. Mesmo sendo o vendedor um produtor agrícola, se o comprador for um comerciante que realize a compra para revender o produto comprado, o ato torna-se mercantil. A compra e venda será um ato de comércio (Waldemar Ferreira, ob. cit., p. 330).

Fran Martins, na mesma linha do mestre de São Paulo, ensina que a *comercialidade* de certos atos, em sua essência civis, transformam-se em atos de comércio por conexão ou dependência "quando praticados com a finalidade de facilitar o exercício da profissão comercial" (*Curso de direito comercial*, Imprensa Universitária do Ceará, 1957, p. 67). A observação encontra-se também no clássico J. X. Carvalho de Mendonça, quando este mostra que a *comercialidade* de certos atos jurídicos pode depender da "intenção do agente", e não de sua natureza (*Tratado de direito comercial brasileiro*, 5ª edição, 1953, Livraria Freitas Bastos, vol. 1º, p. 506).

Os atos de comércio por conexão, diz Fran Martins, são civis por natureza, "*transformando-se em comerciais quando praticados com a finalidade de facilitar o exercício da profissão comercial*" (ob. cit., p. 67).

Aludindo a uma lição de Stracca, diz Carvalho de Mendonça que a *comercialidade* de certos atos pode decorrer da *ocasião* de serem eles praticados por comerciantes. Escreve o comercialista: "Tal é a influência que o exercício profissional do comércio exerce sobre o caráter jurídico dos atos praticados pelo comerciante e destinados a esse exercício. A intenção do agente, o seu escopo vem a ser, desse modo, elemento ponderável para caracterizá-lo" (*Tratado de direito comercial brasileiro*, cit., p. 506).

Coisa análoga ocorre com o *ato cooperativo*. O art. 79 da Lei 5.764 dá-nos apenas o conceito do ato cooperativo "por natureza", sem considerar o indispensável auxílio de outros atos que se tornam cooperativos por *conexidade* ou *dependência*.

Também como se dá com os atos de comércio, esses atos *externos*, através dos quais o ente cooperativo relaciona-se com o mercado, são *essenciais* para que o ato cooperativo típico não se torne um puro fantasma, sem qualquer realidade objetiva. Esta verdade comprova que os chamados "negócios-meio" são, também, atos cooperativos e, como tais, haverão de ser tratados pelo direito tributário.

6. Os atos cooperativos *externos*, porém, não são praticados pela cooperativa no seu próprio interesse. São praticados no interesse dos sócios. É outro elemento conceitual marcante deste tipo societário. É uma particularidade própria da sociedade cooperativa, que não se encontra nas sociedades mercantis, nem nas civis, sem finalidade lucrativa.

A verdade é que a insuficiência da Lei 5.764, de 16 de dezembro de 1971, ao caracterizar o *ato cooperativo*, contribui para esses equívocos. Eis a definição dada por essa Lei:

"Art. 79. Denominam-se atos cooperativos os praticados entre as cooperativas e seus associados, entre estes e aquelas e pelas cooperativas entre si quando associadas, para a consecução dos objetivos sociais. Parágrafo único. O ato cooperativo não implica operação de mercado, nem contrato de compra e venda de produto ou de mercadoria."

Somente seriam atos cooperativos, imagina-se, esses atos *internos*, realizados entre a sociedade e seus sócios. O Código Civil, neste ponto, ficou aquém da Lei 5.764: não chegou a ser incompleto, foi omisso. Embora se mostrasse preocupado em definir outros atos e figuras jurídicas, ao dispor sobre a matéria (art. 1.094 e segs.), não definiu o *ato cooperativo*. Pareceu ao legislador indispensável definir, por exemplo, o que seja um empresário (art. 966). Quanto à cooperativa, limitou-se a dizer que ela não é uma empresa (parágrafo único do art. 982).

É estranho que o Código tenha preferido omitir-se de definir o ato cooperativo, sabendo da notória insuficiência da lei em vigor e tendo presente a existência de projetos que tramitam no Congresso Nacional, propondo conceituações mais adequadas para o ato cooperativo, como é o caso do Projeto-de-lei apresentado pelo Senador Osmar Dias que, em seu art. 48, § 2º, dispõe que *"se equiparam ao ato cooperativo os negócios auxiliares ou meios, indispensáveis à consecução dos objetivos sociais"*.

É necessário, portanto, como vimos, que haja atividade *externa*, habitualmente praticada pelo ente cooperativo. Se reduzíssemos os atos cooperativos apenas àqueles que a entidade realiza com seus sócios, a instituição perderia realidade, não teria objetivo. Nem objetivo, nem finalidade. Seria, neste caso sim, uma anomalia econômica.

Aliás, o art. 79, em sua incompreensível estreiteza conceitual, colide, até mesmo, com o art. 111 da própria Lei 5.764 que, ao referir-se à não-incidência de tributos sobre o *ato cooperativo*, separa, dentre os *atos externos*, aqueles praticados pela cooperativa com terceiros não associados, indicados pelos arts. 84, 85 e 88. A lei, obviamente, não diz que serão tributados todos os atos praticados com terceiros. Serão tributados os atos praticados com terceiros, apenas nas hipóteses especificadas nos arts. 85, 86 e 88.

A insuficiência conceitual existente na lei, porém, refletiu-se neste acórdão da 2ª Seção do Superior Tribunal de Justiça: "As cooperativas praticam atos cooperativos e atos não-cooperativos e estes estão sujeitos ao imposto de renda. Os atos cooperativos estão conceituados na Lei nº 5.764/71, artigo 79." (ERE 169662, relator o Ministro Garcia Vieira, julgado a 26.05.1999, DJ de 27.09.1999, RSTJ, vol. 155, p. 346). Segundo o acórdão, somente seriam atos cooperativos aqueles definidos pelo art. 79 da Lei 5.764. Conseqüentemente, a cooperativa, para não se desviar de suas finalidades, teria de ficar inerte; não poderia ingressar no mercado. No caso da consulente, sua atividade limitar-se-ia a receber a produção, guardá-la, para depois restituí-la aos sócios. Seria, na verdade, uma entidade fantasma.

A adoção do conceito de ato cooperativo dado pelo art. 79 da Lei 5.764 faria com que as cooperativas de consumo fossem eliminadas do sistema, sabido como é que sua existência pressupõe, inicialmente, a prática de um ato de compra no mercado dos produtos de consumo, a serem depois transferidos aos sócios. O ato que lhe daria vida não seria, para o art. 79, um ato cooperativo. A cooperativa de consumo não passaria de puro conceito, incapaz de tornar-se realidade, no mundo dos negócios.

É necessário insistir: não apenas os atos *internos* são "atos cooperativos". Também o serão os chamados "negócios-meio", enquanto atos *instrumentais*, praticados, necessariamente, pela cooperativa para que a entidade possa alcançar sua finalidade. É indispensável ficar assentado que, sem esses "negócios-meio", não haverá atividade negocial alguma, seja cooperativa, seja mercantil. A sociedade cooperativa somente poderá desempenhar suas funções praticando "negócios-meios".

Isto mostra que existirão atos e negócios jurídicos praticados pela sociedade com terceiros que integram o conceito de ato cooperativo. Tanto há, que a lei teve de separar – para fins tributários (!) – os "atos cooperativos praticados com terceiros", dos atos comuns de comércio, qualificando como não-cooperativos, aqueles praticados com terceiros que sejam *estranhos à finalidade institucional do ente cooperativo*. Veremos esta distinção através de alguns exemplos.

É conveniente deter-nos neste ponto. Uma cooperativa de venda em comum, que é a espécie a que pertence a consulente, sem dúvida pratica *atos cooperativos* com terceiros não-associados. Se ela não o fizesse, seria uma entidade inerte, uma sociedade cuja existência não iria além do ato formal de sua instituição.

7. Neste ponto, torna-se crucial uma questão tratada por Walmor Franke, ao referir-se ao fenômeno da "dupla qualidade" que caracteriza as relações entre a cooperativa e seus sócios, traduzida nos chamados "negócios-fim" e "negócios-meio" (*Doutrina e aplicação do direito cooperativo*, 1983, Porto Alegre, 1983, p. 113). O conhecido jurista mostrara antes essa distinção entre "negócios-internos", aqueles indicados pelo art. 79 da Lei 5.764, e os "negócios-meio", que são *externos* (*Direito das sociedades cooperativas*, cit. p. 23-24).

O "negócio-fim" por excelência da cooperativa – aquele que caracteriza sua finalidade institucional – é prestar serviços a seus sócios. No caso da consulente, esse serviço expressa-se nas vantagens econômicas advindas propriamente do *ato cooperativo* típico, que é o ato de "entrega" da produção de todos os associados, a fim de que a sociedade a ponha no mercado, em condições mais vantajosas, se comparadas à venda fracionada, individualmente realizada pelos sócios.

A estrutura organizacional e a experiência adquirida pelo ente cooperativo, associadas ao volume da oferta, assegurará benefícios aos sócios, traduzidos na prestação de serviços, que é a própria essência do ente cooperativo. É sua finalidade institucional.

Entretanto, o "ato-fim" somente será alcançado através da prática de uma infinidade de "negócios-meios", atos cooperativos por *dependência* ou *conexão*, praticados com terceiros. No caso da consulente, a existência de *atos cooperativos* externos é tão óbvia que eles vêm expressos na própria conceituação desta espécie de cooperativa. A entidade é definida como sendo uma "cooperativa de venda em comum". O ato jurídico que a define realiza-se necessariamente com terceiros.

No caso da consulente, a distinção entre terceiros, que praticam com ela *atos cooperativos,* e os demais terceiros com os quais a sociedade se relaciona, praticando atos que não se incluem nesse conceito, decorre da circunstância de serem, na primeira hipótese, caracterizados como "atos-meio" aqueles que a cooperativa pratica *visando à realização de sua finalidade institucional*, que é a eliminação de intermediação econômica, através da venda em comum da produção dos sócios.

Se a consulente, no entanto, receber produção de não-associado, vendendo-a no mercado, como prevê o art. 87 da Lei 5.764, este negócio será caracterizado como uma operação comum de mercado, como uma compra e venda, estranha a sua finalidade institucional, que é a venda da produção de seus associados, não de terceiros. Este negócio, no entanto, não se caracteriza como um ato ilícito. Ele será um ato sobre o qual poderá incidir algum tributo, porquanto não caracterizado como ato cooperativo.

8. Sob este aspecto, é igualmente possível distinguir uma sociedade cooperativa de uma sociedade civil sem finalidade lucrativa, uma entidade assistencial, por exemplo. Também esta não visa ao lucro e, não obstante, a distinção entre ambas é nítida.

Nas sociedades civis sem fins lucrativos, os serviços serão prestados a terceiros. Os sócios de uma sociedade assistencial nenhuma vantagem obtêm, enquanto sócios, da entidade social, sendo tratados, em suas relações com a sociedade, como qualquer terceiro. Neste caso, o "ato-fim" não é praticado em benefício dos sócios, como o será, por uma determinação conceitual, o "ato-fim" da sociedade cooperativa.

A sociedade cooperativa, na verdade, é uma pessoa jurídica *transparente*. Ela não passa de um *prolongamento da pessoa jurídica de seus sócios*. O próprio capital tem um sentido instrumental, pois a cooperativa transfere aos sócios as "sobras" porventura verificadas no exercício ou, ao contrário, faz chamadas de capital para cobrir os *déficits* eventuais. A cada exercício financeiro, ela devolve aos sócios todo o resultado positivo da gestão. Daí, dizer-se que a cooperativa é uma sociedade que trabalha sob o princípio do resultado zero.

Nas cooperativas de venda em comum, quem realmente vende é o sócio, assim como nas cooperativas de consumo são os sócios que compram, por intermédio da cooperativa. Para isto, a cooperativa recebe uma espécie *sui generis* de mandato, que a habilita a realizar os "negócios-meio" no lugar do sócio. É o que vem expresso nesta disposição da Lei 5.764:

"Art. 83. A entrega da produção do associado à sua cooperativa significa a outorga a esta de plenos poderes para a sua livre disposição, inclusive para gravá-la e dá-las em garantia de operações de crédito realizadas pela sociedade, salvo se, tendo em vista os usos e costumes relativos à comercialização de determinados produtos, os estatutos dispuserem de outro modo."

9. Com o que ficou dito, será possível definir, segundo critério lógico uniforme, o *ato cooperativo*. Basta encontrar o elemento constante, capaz de indicar o *ato cooperativo* praticado por uma sociedade criada, por exemplo, para prestação de serviços a terceiros, como uma sociedade constituída por médicos e o ato cooperativo próprio de uma cooperativa de consumo.

Walmor Franke enfrenta a natural diversidade encontrável nos *atos cooperativos* peculiares às distintas formas de sociedades cooperativas, classificando-os em *"atos cooperativos de fornecimento"*, *"atos cooperativos de trabalho"* (*O direito das sociedade cooperativas, cit.*, p. 95), a que se poderia acrescentar o ato cooperativo "de consumo" e o de "venda em comum", que é o próprio das cooperativas da classe da consulente.

Nas cooperativas de consumo, a entidade adquire as mercadorias no comércio, para transferi-las aos sócios. O *ato cooperativo* compreende a aquisição das mercadorias. A posterior transferência aos sócios, como a própria lei esclarece (parágrafo único do art. 79 da Lei 5.764), não constitui uma compra e venda, mas simples fase subseqüente do consumo.

A cooperativa do consumo não compra para revender aos sócios. Compra para consumir. A compra feita pela cooperativa de consumo é já um "ato de consumo", portanto não é mais um "ato de comércio". Ocorreria hipótese análoga, por exemplo, se um grupo de funcionários públicos ou de bancários credenciasse um colega para, em nome de todos, adquirir certo produto de consumo, a ser distribuído aos integrantes do grupo, de modo que todos se beneficiassem com a vantagem da compra em grande quantidade. A compra feita pelo representante do grupo não será um ato de comércio. Será um ato de consumo. Nesta espécie de negócio jurídico, a subseqüente transferência feita aos demais companheiros seria um simples desdobramento do ato de consumo. Pois bem, se este procedimento institucionalizar-se, através da formação de uma entidade jurídica permanente, que pratique essa compra com *habitualidade*, o resultado será a criação de uma cooperativa de consumo.

10. É possível, portanto, resumir o problema implicado em cada um dos quesitos formulados pela consulente, investigando se os negócios praticados com terceiros, no mercado, seriam indispensáveis para que ela atingisse sua finalidade institucional.

No primeiro quesito, indaga ela se "a aplicação financeira destinada à proteção estratégica dos recursos de comercialização", poderia ser incluída como "negócio-meio" indispensável para que a entidade realize o "negócio-fim".

A resposta dada a esta indagação, tanto na doutrina quanto na jurisprudência, aparentemente não é uniforme. Entendemos, porém, que apenas aparentemente exista discórdia sobre esta questão. Se examinarmos detidamente os pontos em que as supostas divergências ocorrem, iremos constatar que elas se dão mais pela imprecisão na configuração da própria questão, devida a uma ambigüidade ou precária conceituação do problema, do que em virtude de compreensões substancialmente antagônicas, entre os pontos de vista que se apresentam como divergentes.

Um bom exemplo da ambigüidade está neste acórdão do Superior Tribunal de Justiça, de que foi relator o Ministro Demócrito Reinaldo: "A atividade desenvolvida junto ao mercado de risco não é inerente à finalidade a que se destinam as cooperativas. A especulação financeira como forma de obtenção do crescimento da entidade, não configura ato cooperativo e extrapola dos seus objetivos institucionais. A aplicação de sobra de caixa no mercado financeiro, efetuadas pelas cooperativas, por não constituírem negócios jurídicos vinculados à finalidade básica dos atos cooperativos, sujeitam-se à incidência do Imposto de Renda" (1ª Turma do STJ, REsp 35.843, julgado em 18.05.94, D.J de 27.06.94).

A ambigüidade é evidente. Partindo da premissa de que a "especulação financeira", em "mercado de risco", extrapola dos objetivos institucionais do ente cooperativo, o acórdão acaba concluindo que toda aplicação financeira – especulativa ou não – estaria sujeita à tributação pelo Imposto de Renda. O acórdão não fez a distinção entre aplicação financeira especulativa e aplicações que se caracterizam apenas como reserva de valor, em que a aplicação no mercado financeiro se destina a preservar o valor da moeda contra o efeito inflacionário.

Em acórdão mais recente, de lavra do Ministro José Delgado, esse entendimento foi ratificado, ao dizer o acórdão que a "especulação financeira" é um fenômeno que não pode ser confundido com os atos negociais específicos, efetuados pelas cooperativas (EREsp 169.411/SP, julgado em 26.05.99, D.J. de 27.09.99).

Observe-se, porém, que depois da edição da Lei Complementar nº 70, o Ministro José Delgado, como relator, em causa em que se discutia a incidência da COFINS e do PIS, sobre atos praticados pelas cooperativas, modificou seu entendimento, como se vê deste acórdão: "Este relator, com base em vasta e pacífica jurisprudência do STJ, vinha entendendo que a isenção prevista na Lei nº 5.764/71 só alcança os negócios jurídicos diretamente vinculados à finalidade básica da associação cooperativa, não sendo atos cooperativos, na essência, as aplicações financeiras em razão das sobras de caixa. A especulação financeira é fenômeno autônomo que não pode ser confundido com atos negociais específicos com finalidade de fomentar transações comerciais em regime de solidariedade, como são os efetuados pelas cooperativas... a LC 70/91, em seu art. 6º, I isentou, expressamente, da contribuição da COFINS, as sociedades cooperativas, sem exigir qualquer outra condição, senão as decorrentes da natureza jurídica das mencionadas entidades. Em conseqüência da mensagem concessiva de isenção contida no aludido artigo, fixa-se o entendimento de que a interpretação do referido comando posto em lei complementar, conseqüentemente, com potencialidade hierárquica em patamar superior à legislação ordinária, revela que serão abrangidas pela isenção da COFINS as sociedades cooperativas... O ato cooperativo não gera faturamento para a sociedade. O resultado positivo decorrente desses atos pertence, proporcionalmente, a cada um dos cooperados. Inexiste, portanto, receita que possa ser titularizada pela cooperativa e, por conseqüência, não há base imponível para o PIS. Já os atos não cooperativos geram faturamento à sociedade, devendo o resultado do exercício ser levado à conta específica para que possa servir de base à tributação" (STJ, 1ª Turma AgRg no Ag. 660879/MG, DJ, 29.08.2005).

Como se vê, o acórdão considera inexistente a *base imponível* para a incidência do tributo. Na verdade, não se trata de isenção, mas de não-incidência. A ausência do fato gerador para o PIS é um pressuposto que decorre da natureza da cooperativa, e que, por isso, se dará também quanto aos demais tributos. Como disse o Tribunal, "o ato cooperativo não gera faturamento para a sociedade". Inexiste receita que propriamente lhe pertença. Segundo se depreende da Lei 5.764, apenas nas hipóteses indicadas nos arts. 85, 86 e 88 será legítima a incidência de tributos.

O Tribunal Regional Federal da 4ª Região, ao julgar a apelação 04.240.926, sustentou a não-incidência do Imposto de Renda sobre as aplicações financeiras, feitas pelas cooperativas: "Embora não se enquadrem entre os atos cooperativos propriamente ditos, os resultados de aplicações financeiras não constituem base imponível do IRPJ. Tal tributo só incide sobre os resultados positivos obtidos nas operações relacionadas nos arts. 85, 86 e 88 da Lei 5.764/71" (Rel. Ellen Gracie Northfleet, julgada em 17.10.94, D.J. de 08. 02.95).

Pensamos que seja indispensável proceder à distinção entre as aplicações financeiras que tenham caráter especulativo, e aquelas que o ente cooperativo fizer com a exclusiva finalidade de preservar o valor da moeda.

O Tribunal Regional Federal da 2ª Região fez essa distinção ao julgar a apelação 03.003.117: "Os rendimentos decorrentes de operações financeiras de sociedades cooperativas, praticadas a fim de preservar as disponibilidades de caixa, não são tributáveis pelo imposto de renda. Não é cabível a interpretação extensiva do art. 111 da Lei 5.764/71, sob pena de se frustrar o alcance da exoneração tributária instituída em face da atividade" (DJU. 29.05.96, p. 35.643).

O acórdão teve o mérito de considerar a aplicação estratégica das sobras de caixa como tendo a exclusiva finalidade de preservar o valor da moeda, assumindo, portanto, a função de um "negócio-meio", indispensável para que a cooperativa não veja frustrar-se sua finalidade institucional.

A distinção entre operações tributáveis quando praticadas pela cooperativa com terceiros, relativamente a negócios jurídicos estranhos a seus objetivos estatutários e negócios destinados a alcançar seus fins institucionais, esteve presente também neste acórdão, de que foi relator o Ministro Luiz Fux: "No campo da exação tributária com relação às cooperativas a aferição da incidência do tributo impõe distinguir os atos cooperativos através dos quais a entidade atinge os seus fins e os atos não cooperativos; estes extrapolam das finalidades institucionais e são geradores de tributação, diferentemente do que ocorre com os primeiros" (1ª Turma do STJ, Ag.Rg no REsp 639.477/RS, DJ, 28.03.2005, p. 204);

11. É verdade que o enunciado Súmula 262 do Superior Tribunal de Justiça não fez a distinção entre aplicações financeiras especulativas e aquelas aplicações feitas pela cooperativa para *"preservar as disponibilidades de caixa"*, buscando evitar o eventual aviltamento da moeda.

Entretanto, examinando a jurisprudência da corte que dera origem a essa Súmula, verifica-se a existência, em seu enunciado, da mesma imprecisão que vimos presente nos julgamentos antes referidos, qual seja, a ausência de uma clara distinção entre aplicações em mercado de risco e aplicações não-especulativas.

Examinando, por exemplo, o julgamento, proferido no REsp 35.843-4, já mencionado, de que foi relator o Ministro Demócrito Reinaldo, é fácil constatar essa fatal ambigüidade. Ela aparece na própria ementa, assim redigida: "I – A atividade desenvolvida junto ao mercado de risco não é inerente à finalidade a que se destinam as Cooperativas. A especulação financeira, como forma de obtenção do crescimento da entidade, não configura ato cooperativo e extrapola dos seus objetivos institucionais. II – As aplicações de sobra de caixa no mercado financeiro, efetuadas pelas Cooperativas, por não constituírem negócios jurídicos vinculados à finalidade básica dos atos cooperativos, sujeitam-se à incidência do imposto de renda."

É visível a contradição entre as duas proposições que formam a ementa. Enquanto na primeira proposição, o acórdão limita a incidência tributária às aplicações de risco, feitas com intenção especulativa, na segunda estende a tributação a qualquer aplicação financeira, porventura feita pela cooperativa.

Examinando mais detidamente os votos, somos levados a concluir que a contradição não foi superada, estando presente no enunciado da Súmula 262.

Em extenso voto vencido, o Ministro Milton Luiz Pereira sustentara a não-incidência de tributos nas aplicações financeiras feitas pelas cooperativas, para evitar que eventualmente se "evaporem" grandes somas por elas administradas. Afirmou Sua Excelência: "Quis dizer que a Cooperativa, forçada por circunstâncias, no manejo de grandes valores, não pode permitir que se evaporem ou desapareçam na névoa do desalento ou da desatenção ou da má gerência. Por isso, faz aplicações financeiras reguladas pela lei, sem nada de extravagante."

No curso da discussão, insistiu o Ministro Milton Luiz Pereira na caracterização das aplicações não especulativas como "negócios-meio" e, como tais, destinadas a manter íntegro o poder aquisitivo da moeda, *"para que não pereça a atividade fim"*. Disse o magistrado: "O resultado das operações dos cooperados é aplicado em benefício da própria cooperativa. Quando há resultado, ele é redistribuído, anualmente, aos cooperados. Agora, o que não há é o fim de lucro da cooperativa. Então V. Exª me indaga, e até com alguma pertinência, por que não aplicar na atividade fim? Mas é exatamente para que não pereça a atividade fim, que aquele dinheiro mantenha-se íntegro em seu poder aquisitivo real, para reverter na direção da atividade fim. É uma atividade meio para que não pereça a atividade fim."

A estas observações, respondeu em aparte o Ministro Demócrito Reinaldo, insistindo em que a cooperativa se estaria divorciando de sua destinação específica se empregasse o dinheiro *"na ciranda financeira"*: "Ninguém discorda do ponto de vista de V. Exª de que as cooperativas estão isentas do pagamento desses tributos, quando exercem atos próprios de suas atividades, porque é impossível que uma cooperativa, constituída sob o pálio de uma legislação específica, com uma destinação também específica, se desborde de suas finalidades e incursione no campo, na prática, de negócios em geral e que constituam fatos geradores de diversos tributos, inclusive, do imposto de renda. Ora, se uma cooperativa, sob a alegação de estado de necessidade, pode praticar atos divorciados de suas finalidades específicas, e V. Exa. reconhece expressamente isso, que o emprego de dinheiro na ciranda financeira é atividade atípica... ".

Enquanto o Ministro Milton Luiz Pereira sustentava a não-incidência tributária sobre aplicações *não especulativas*, feita para preservar a "atividade-fim", o Ministro Demócrito Reinaldo – sem manifestar divergência quanto a este ponto – insistia em que as aplicações *especulativas*, quando a cooperativa empregasse o dinheiro na "ciranda financeira", estariam sujeitas ao tributo. A essencial concordância entre ambos fica evidente.

12. No julgamento dos embargos de divergência opostos ao REsp 88.179/PR da Segunda Turma, seu relator, o Ministro Demócrito Reinaldo, transcreveu o voto proferido na apelação pelo Desembargador Federal Sílvio Dobrowolski, cujas passagens pertinentes ao tema convêm registrar.

O voto inicia dizendo que a cooperativa é uma sociedade sem fins lucrativos, constituída para auxiliar o desenvolvimento econômico de seus associados. Os negócios ou atos negociais que podem ser praticados pelas cooperativas são divididos pelo Desembargador Dobrowolski em cinco espécies.

A primeira seriam os atos cooperativos *internos*, compreendendo, no caso da consulente, a "entrega" da produção pelos associados e a "devolução" do resultado da venda aos próprios sócios, que é, segundo o magistrado, o "negócio cooperativo fundamental"; a segunda espécie seriam os "negócios-meio", atos realizados com terceiros, "necessários para a realização dos atos cooperativos".

A terceira classe compreenderia os atos "acessórios ou auxiliares", que visam à boa administração da cooperativa, tais como contratar empregados, alugar salas, vender imóveis, vender máquinas velhas, e outras alienações eventuais; o quarto grupo seria integrado pelos "atos vinculados à atividade básica da cooperativa", praticados com não-associados, porém autorizados pelos arts. 85, 86 e 88 da Lei 5.764. Estes atos estariam sujeitos ao Imposto de Renda.

Finalmente, o quinto grupo de negócios que podem ser praticados pelas cooperativas, "no sentido fático, não no sentido jurídico", é formado pelos atos que não são ligados a seu objetivo principal. Este grupo seria representado pelos atos vedados por lei, discriminados no art. 93 da Lei 5.764.

Entretanto, ao caracterizar os atos do quarto grupo que, para o Desembargador Dobrowolski, estariam sujeitos à tributação, constata-se que apenas as *aplicações especulativas*, promovidas com a finalidade de "obter o crescimento econômico", sofreriam a incidência tributária. Disse Sua Excelência: "Não é inerente ao ente cooperativo a atividade desenvolvida junto ao mercado de risco. A especulação financeira, como forma de obter o crescimento econômico da entidade, não é o meio que o legislador previu para tirá-la do campo de incidência do imposto de renda. A cooperativa tem que produzir, em venda de bens ou serviços, para cumprir sua finalidade institucional. Ganhar dinheiro em aplicação financeira não caracteriza o objeto da pessoa jurídica."

Confirma-se, portanto, o mesmo pressuposto. Ficariam sujeitas à tributação as aplicações no "mercado de risco", feitas com a finalidade de "crescimento da entidade".

13. É indispensável, no entanto, registrar uma decisiva advertência: é lícito ao sistema tributário isolar as vantagens auferidas pela cooperativa em aplicações especulativas, para tributá-las antecipadamente, desde, porém, que não as torne a gravar com o mesmo tributo, no momento em que o resultado dessas operações venha a ser transferido aos sócios. Se o fizer, haverá *bitributação*, não permitida pelo direito brasileiro.

A advertência tem por fim esclarecer que os "negócios-meio", também chamados atos cooperativos *conexos*, não serão tributados na esfera patrimonial da cooperativa; se-lo-ão quando forem incorporados ao patrimônio dos sócios.

A razão para a distinção foi mostrada pelo Ministro José Delgado, ao dizer que o ato cooperativo conexo "não gera faturamento para a sociedade". Percebeu o magistrado que "o resultado positivo decorrente desses atos pertence, proporcionalmente, a cada um dos cooperados". A percepção da natureza destes atos permitiu-lhe avançar a conclusão de que não haverá, aí, incidência tributária por inexistir "base imponível", capaz de legitimar a tributação.

Quanto a estes atos e negócios jurídicos indispensáveis a que a entidade alcance sua finalidade institucional, quais sejam, os chamados "negócios-meios", a cooperativa limita-se a exercer função análoga a de um *mandatário*, na precisa conceituação dada ao ato cooperativo pelo art. 79 da Lei 5.764.

De resto, a tributação dos atos cooperativos *conexos*, antes de seus resultados econômicos incorporarem-se ao patrimônio de cada sócio, ofende o princípio de que tanto os encargos quanto as vantagens a serem conferidas a cada associados devem ser proporcionais ao valor dos negócios (atos cooperativos) por ele realizados com a entidade.

Tendo presente que os "negócios-meio" são vitais para que o ente cooperativo possa existir e realizar seus objetivos institucionais, a exigência de que eles fiquem sujeitos ao critério determinado pelos arts. 84, 85 e 88 da Lei 5.764, sendo tributados antes de o respectivo resultado incorporar-se ao patrimônio de cada sócio, fará com que não se observe o princípio de *proporcionalidade*, inscrito no art. 1.094, VII do Código Civil, porquanto os recursos não seriam distribuídos como *sobras*. Conseqüentemente, estar-se-ia negando, por via oblíqua, o princípio da não-incidência tributária sobre o ato cooperativo.

14. Voltando ao exame da jurisprudência, podem-se encontrar outros julgados do Superior Tribunal de Justiça, ligados à Súmula 262, orientados no sentido de considerar tributáveis apenas os atos que não se vinculem diretamente à finalidade institucional da entidade, no caso, especificamente às operações "de natureza especulativa". Por exemplo, em acórdão de que foi relatora a Ministra Nancy Andrighi, o Tribunal assentou o seguinte: "Os rendimentos auferidos em aplicação financeira por cooperativa não guardam relação com sua finalidade básica, assim, é a mesma contribuinte do imposto de renda, nos moldes do art. 79 da Lei n° 5.764/71 e art. 34 da Lei n° 7.450/85, porque a aplicação financeira, de natureza especulativa, não é ato cooperativo" (Segunda Turma, REsp 177.038/PR, julgado em 21/03/2000, D.J. de 24.04.2000, p. 45).

15. Aliás, a distinção entre atos especulativos e atos cooperativos *conexos* ou *dependentes* vem-nos do antigo Decreto 22.239, de 19.12.1932, que, por muito anos, disciplinou o direito cooperativo brasileiro. Relacionando negócios jurídicos vedados à sociedade cooperativa, incluía esse Decreto, em seu art. 7°, alínea "j", a proibição de "especular sobre a compra e venda de títulos, envolver-se, direta ou indiretamente, em operações de caráter aleatório, adquirir imóveis para renda, excetuando-se para a sua sede, ou destinados aos serviços sociais."

O Decreto 22.239 indicava as "operações aleatórias" como atos vedados às cooperativas. Os que não tivessem esse caráter seriam, portanto, lícitos. Na verdade, nem os atos indicados nesse preceito seriam ilícitos. Não sendo "atos cooperativos" conexos, sofreriam a incidência de tributos.

Torna-se visível a olho nu a diferença entre o direito *individualista*, concebido como uma pura relação de conflito e competição, e as tendências de um direito de índole *comunitária*, destinado a disciplinar uma sociedade *solidarista*.

Quem conhece a experiência brasileira, sabe que o Estado se preocupa mais em fiscalizar do que em proteger o cooperativismo. A preocupação de controle e fiscalização é uma constante na conduta legislativa brasileira.

A linha que se supõe delimitar a atividade das cooperativas, demarcando-lhes supostas margens da licitude, não passa, todavia, de uma questão tributária. Como o ordenamento jurídico não tributa do *ato cooperativo*, as aplicações de risco, porventura feitas pela cooperativa, ficarão sujeitas ao tributo. Esta tem sido uma opção fiscal, que não tem a virtude de descaracterizar os "atos cooperativos" *conexos*. De resto, não se trata de isenção fiscal sobre o *ato cooperativo* por natureza. A idéia de tratamento privilegiado, ligada ao imaginado benefício fiscal de uma isenção, deve ser afastada. O imposto de renda não incide por *ausência de fato gerador*.

16. Isto deve ficar claro, para desvelar a equivocada compreensão do que seja uma cooperativa. A aplicação em mercado de risco é uma atividade lícita, regulada por lei e, de certo modo, protegida pelo Estado, tanto no caso de a aplicação ser feita por uma cooperativa, quanto na hipótese de o aplicador ser uma sociedade por ações. Enquanto ninguém irá questionar a licitude da aplicação feita por uma empresa comercial, tratando-se de cooperativa, somos induzidos a supor que o ato se torne vedado por lei, ou pela natureza da instituição. Imagina-se que o ordenamento jurídico ter-lhe-ia concedido um *privilégio*, ao permitir seu funcionamento.

Ninguém haverá de surpreender-se ao constatar que uma companhia de transporte, ou uma empresa cujo objetivo seja a exploração da indústria naval, estejam aplicando em "mercado de risco". Não nos ocorrerá acusá-las de desviarem-se de suas finalidades. No entanto, ninguém dirá que aplicar em mercado especulativo seja a finalidade específica dessas empresas, mas também ninguém considerará que essa conduta lhes seja vedada pelo direito. Tratando-se, porém, de uma cooperativa, somos levados a supor que haja, nessa operação, um "desvio de finalidade".

A questão, no entanto, está mal posta: não visar ao lucro é coisa distinta de auferir vantagens em um determinado negócio de mercado, para transferi-las aos sócios. É evidente que a sociedade cooperativa participa das operações de mercado, estando, portanto, sujeita aos riscos inerentes à atividade mercantil. Poderá, numa determinada transação, obter vantagem econômica, enquanto em outra arcará com prejuízo.

17. Não são estas eventualidades que caracterizam a cooperativa. O ponto central do conceito – voltamos a insistir – é sua essencial *transparência*, que a torna uma entidade jurídica simplesmente gestora dos interesses dos sócios. Isto, como é óbvio, não pressupõe que ela esteja impedida de participar do mercado. Ao contrário, a cooperativa participa do mercado em igualdade de condições com as empresas capitalistas, sujeita aos riscos enfrentados por qualquer empresa.

O Estado julga-se obrigado a tutelar as cooperativas, exercendo vigilância para que elas se comportem dentro dos limites da permissão que lhes fora conferida, em virtude do falso pressuposto de tratar-se de uma categoria econômica que contraria as leis do mercado. A índole *solidária*, que forma a essência da instituição cooperativa, não se harmoniza com o direito concebido como relação de *conflito*.

São freqüentes em livros e julgados dizer-se que a cooperativa, *"constituída sob o pálio de uma legislação específica"*, ao aplicar em mercado de risco, desvia-se de suas finalidades para *"incursionar no campo dos negócios em geral"*. Se ela o fizer, poderá estar sujeita ao tributo, mas não se deve supor que a conduta, legítima quando praticada pelas empresas em geral, torne-se ilícita quando praticada por uma cooperativa. O senso comum, que se formou entre nós, imagina que essa aplicação seja um "desvio de finalidade".

Não existe, com efeito, no ordenamento jurídico, princípio algum que legitime essa discriminação. A conduta da cooperativa será lícita. Tanto é lícita que sobre ela o Estado cobra tributo. Na verdade, as disposições porventura existentes no ordenamento jurídico brasileiro, que proíbam a cooperativa de praticar essa espécie de atos, além de discriminatórias, inviabilizar-lhe-iam a existência. Discriminação, que nem a "legislação específica", nem a experiência concreta brasileira são capazes de legitimar.

18. Que é uma cooperativa? Qual a razão para dizer que o cooperativismo estaria sob o "pálio de uma legislação específica" que a torne uma sociedade privilegiada? Walmor Franke inicia sua obra com este conceito de cooperativa: "O fundo ético do sistema cooperativo traduz-se no lema 'Um por todos, todos por um', que é uma aplicação particular do princípio da solidariedade, a cujo império fica submetida a entidade dos cooperadores. Costuma-se dizer, por isso, que o cooperativismo se identifica com o solidarismo, em contraste com o capitalismo que, em sua forma histórica mais extremada, tem um caráter marcadamente individualista" (*O direito das sociedades cooperativas*, cit., p. 1).

Paulo César Andrade Siqueira informa que a Conferência Geral da Organização Internacional do Trabalho, em reunião realizada em Genebra, em 1966, na Recomendação nº 127, deu esta definição de cooperativa: "uma associação de pessoas que se agrupam voluntariamente para atingir um fim comum, através da constituição de uma empresa dirigida democraticamente fornecendo uma quota-parte eqüitativa do capital necessário e aceitando uma justa participação nos riscos e nos frutos dessa empresa, do funcionamento da qual os membros participam" (*Direito cooperativo brasileiro – comentários ao Lei 5.764/71*, Dialética, 2004, p. 33).

A Lei 5.764 conceitua a sociedade cooperativa deste modo: "Art. 3º. Celebram contrato de sociedade cooperativa as pessoas que reciprocamente se obrigam a contribuir com bens ou serviços para o exercício de uma atividade econômica, de proveito comum, sem objetivo de lucro".

O Código Civil não define a cooperativa, limitando-se a indicar suas características, sem afastar-se significativamente do que já constava da legislação anterior. Dispõe o art. 1.094 que a sociedade cooperativa tem as seguintes características: I – variabilidade, ou dispensa do capital social; II – concurso de sócios em número mínimo necessário a compor a administração da sociedade, sem limitação de número máximo; III – limitação do valor da soma de quotas do capital social que cada sócio poderá tomar; IV – intransferibilidade das quotas do capital a terceiros estranhos à sociedade, ainda que por herança; V – *quorum*, para a assembléia geral funcionar e deliberar, fundado no número de sócios presentes à reunião, e não no capital social representado; VI – direito de cada sócio a um só voto nas deliberações, tenha ou não capital a sociedade e qualquer que seja o valor de sua participação; VII – distribuição dos resultados, proporcionalmente ao valor das operações efetuadas pelo sócio com a sociedade, podendo ser distribuído juro fixo ao capital realizado; VIII – indivisibilidade do fundo de reserva entre os sócios, ainda que em caso de dissolução da sociedade."

Essa extensa relação de exigências a serem observadas pela sociedade cooperativa, como é óbvio, não lhe confere privilégio algum. Impõe-lhe exigências, demarca-lhe limites.

Tendo em conta o conceito legal de cooperativa e depois de constatar as exigências impostas pela lei para sua constituição, cabe indagar: em que consiste o proclamado "pálio de uma legislação específica", por meio do qual o ordenamento jurídico teria concedido alguma vantagem ou privilégio à cooperativa? A nosso ver, não existe nenhuma vantagem específica, que lhe outorgue tratamento privilegiado.

Tanto da doutrina quanto da lei não se pode extrair algo que identifique alguma particularidade, alguma nota essencial, que a faça uma entidade essencialmente diversa das empresas comerciais, a não ser a singular peculiaridade de estar no mercado sem buscar o lucro.

Qual seria, então, o fundamento para afirmar que a cooperativa se constitui "sob o pálio de uma legislação específica", que lhe impediria de desviar-se de suas finalidades para "incursionar no campo dos negócios em geral"? A resposta estaria em que, se a cooperativa não visa ao lucro, não teria por que especular no mercado. Sim, no entanto, não devemos esquecer que a sociedade cooperativa, ao participar do mercado, está exposta aos riscos inerentes a qualquer atividade econômica, cabendo-lhe distribuir a seus sócios, a "justa participação nos riscos e nos frutos dessa empresa", como proclamou a Recomendação n° 127 antes indicada.

Tanto na doutrina quanto nas disposições legais existentes nada se encontrará que possa caracterizar a cooperativa como um organismo econômico essencial e organicamente diverso de uma empresa de direito comum, de compreendê-la como constituída "sob o pálio de uma legislação específica", a não ser por sua peculiar característica de ser uma pessoa jurídica *transparente*, uma mandatária especial dos sócios, cuja atividade não visa ao lucro. Somos, portanto, obrigados a concluir que tanto a doutrina quanto a lei *naturalizam* o lucro, como algo inerente à "natureza das coisas".

Em última análise, naturaliza-se o sistema capitalista, como uma característica transcendental da natureza humana, no domínio econômico. Uma reunião de pessoas que participe do mercado sem a ambição do lucro seria uma anomalia ontológica, uma carência genética, algo cuja existência dependeria de uma especial autorização do Estado, o qual, em virtude dessa excepcionalidade, haveria de assumir o dever de fiscalizá-la, de modo a evitar o cometimento de abusos capazes de violar o suposto privilégio que lhe permitira existir.

19. Voltando, portanto, à Súmula 262, constatamos que se torna indispensável interpretá-la, para revelar-lhe o sentido. Embora não constitua um hábito, em nossa experiência jurisprudencial, o tratamento hermenêutico, na compreensão das súmulas de jurisprudência, certamente elas devem, como qualquer norma, ser interpretadas. E essa interpretação terá de levar em conta, como critério absolutamente preponderante, a jurisprudência da corte de onde a respectiva súmula proveio, dado que seu efeito vinculante deverá decorrer mais dos precedentes que lhe deram origem do que de seu enunciado abstrato. A não ser assim, se as súmulas valessem por seus simples enunciados, dar-lhes-íamos um patamar superior ao da própria lei, cuja aplicação não pode prescindir da tarefa hermenêutica de interpretação do texto, sabido, como é, que o texto é apenas a expressão gráfica da norma.

20. Com essas considerações, podemos responder à consulta afirmando o seguinte: (a) as aplicações financeiras, quando feitas pela cooperativa, com a finalidade de preservar o valor da moeda, sem intenção especulativa, como "negócios-meio", não constituem fato gerador de imposto de renda: (b) o mútuo realizado entre a consulente e seus associados é negócio jurídico *interno*, previsto pelo estatuto (art. 8º), sendo portanto ato tipicamente cooperativo; a mesma resposta merece o quesito seguinte (c): a consulente, ao financiar a produção de seus associados, exerce atividade cooperativa, prevista pelo estatuto (art. 9º, alínea *a*); finalmente, os dois últimos quesitos (d, e), com mais justificadas razões, exigem resposta afirmativa: as operações de "hedge" mostram-se indispensáveis para que a con-

sulente possa operar em bolsa, exercendo sua atividade de tradicional exportadora da produção de seus associados. As operações de "hedge" visam precipuamente a proteger a atividade de exportação. Não se trata de negócio especulativo. Essas operações são lastreadas em estoques de produtos mantidos pela cooperativa. Cuida-se de um típico "negócio-meio", destinado a dar à exportação um mínimo de segurança, reduzindo o risco inerente às oscilações do mercado. Sendo assim, o resultado destas operações será contabilizado como despesa ou receita, respectivamente, gerada por "ato cooperativo" *derivado* ou *conexo*.

É o parecer.

2. Natureza jurídica do contrato de previdência privada

2.1. O instituto de segurança e a previsibilidade humana

O homem, como se sabe, é um único animal a ter a clara visão de sua própria morte, como uma das poucas fatalidades absolutas de sua existência. A noção da morte inevitável determina – associada à capacidade que o ser humano tem de prever a ocorrência de certos acontecimentos –, a formação de incontáveis instituições sociais e jurídicas, organizadas com o fim de minorar ou, se possível, evitar as conseqüências danosas que certos infortúnios causam a sua existência ou à existência e segurança de sua espécie. Na medida em que prevê para prover, o homem, mesmo não podendo evitar as calamidades individuais e coletivas que freqüentemente acontecem, pode, ao menos, reduzir-lhes os efeitos, pela adoção de medidas preventivas adequadas.

Como diz o prof. Armando de Oliveira Assis, "as atividades normais da existência humana, essa possibilidade propicia ao homem a segurança que ele busca, por instinto; e entre os fatores de sua tranqüilidade exercem um papel preponderante as bases materiais de sua existência" (*Compêndio de seguro social*, Fundação Getúlio Vargas, 1963, p. 12).

Não é de estranhar, portanto, que o homem tenha despertado para a possibilidade de obter segurança através de alguma forma de acumulação de recursos econômicos, imaginando um "método de economia individual", poupando no presente para poder enfrentar as adversidades futuras. Tal o que se pode denominar *previdência individual*.

No projeto de previdência individual existe, porém, uma limitação insuperável. Os acontecimentos funestos da existência humana, tais como os cataclismos, as guerras, as doenças e a própria morte, embora sejam fatalidades incontornáveis, não podem ser medidas com precisão nem quanto ao momento de sua ocorrência e nem no que diz respeito à exata extensão dos danos que muitos desses infortúnios acabam causando ao ser humano.

Se, todavia, esses fenômenos são imprevisíveis, no que diz respeito à freqüência com que eles ocorrem e quanto à extensão dos danos que eles possam produzir, para um homem isoladamente considerado, é possível prever, com suficiente segurança e, em muitos casos, com rigorosa precisão, não só o tempo de sua ocorrência, como a grandeza de tais fenômenos.

Embora a morte, por exemplo, seja uma contingência inevitável da própria existência humana, ninguém pode prever quando morrerá. Mesmo assim, transposto o fenômeno para uma escala social, pode-se, com segurança, prever que, numa comunidade inteira, uma percentagem constante de seus integrantes morrerá a cada ano. Se observarmos duas ou três famílias, não poderemos prever quantos casamentos poderão ocorrer entre seus membros, embora se possa prever que haverá por certo casamentos. Se, ao invés de duas ou três famílias, considerarmos uma comunidade formada, digamos, por cem mil pessoas, a previsão do número de casamentos anuais será suficientemente segura e capaz de oferecer possibilidades de organizar recursos financeiros tendentes a cobrir eventuais despesas e encargos que possam advir desse fenômeno social, especialmente os decorrentes do provável, e perfeitamente previsíveis também, número de nascimentos.

Passa-se assim da rudimentar previdência individual para a chamada previdência coletiva, que se consegue reunindo todos os homens componentes de um grupo social, expostos a riscos semelhantes, num *método de economia coletiva*, como lhe denomina Armando de Oliveira Assis (p. 13), ou como também se poderia chamar "sistema de poupança coletiva".

A esse método, ou sistema de economia coletiva, dá-se o nome de *seguro*. Como diz o eminente professor da Fundação Getúlio Vargas: "Pode-se afirmar, pois, que o seguro, como 'método de economia coletiva', é uma arma invulnerável no combate às adversidades, e o é porque a sua têmpera e resistência residem na *mutualidade* através da qual todos os participantes estabelecem uma atmosfera de *absoluta reciprocidade*, em que cada um deixa sempre as suas quotas pessoais à disposição do ou dos necessitados, mas adquirindo a certeza de que se, por sua vez, for o vitimados por algum fato inesperado, contará em seu socorro não apenas com suas quotas pessoais, mas também com as quotas de todos os demais companheiros" (ob. cit. p. 14).

2.2. O conceito de seguro

A idéia de *mutualidade*, pois, é inerente ao conceito de seguro. Como diz, procedentemente, Fernando Emydgio da Silva "o seguro é essencialmente *mútuo*" (*Seguros mútuos*, 1911, p. 5), na medida, justamente, em que pressupõe esforços conjugados de uma grande coletividade que, através de algum sacrifício individual, reserva, de suas despesas correntes, alguma parcela destinada à formação do "monte coletivo" de onde serão retiradas as indenizações, a serem pagas aos contribuintes que hajam sido vítimas do infortúnio contra o qual o sistema se organizara. Não se pode efetivamente conceber o contrato de seguro senão quando dele participe, como segurada, uma grande coletividade de pessoas, ou de coisas, de modo que o elemento *coletivo* é inerente ao instituto do seguro, realçando o princípio da *mutualidade* (Barrajo Dacruz, *Estudios juridios de previsión social*, Madrid, 1962, p. 4).

O art. 1.423 do Código Civil define nestes termos o contrato de seguro: "Art. 1.423. Considera-se contrato de seguro aquele pelo qual uma das partes se obriga para com a outra, mediante a paga de um prêmio, a indenizá-la do prejuízo resultante de riscos futuros, previstos no contrato."

Pontes de Miranda, por sua vez, criticando o conceito legal de seguro, define-o assim: "Contrato de seguro é o contrato com que um dos contraentes, o segurador, mediante prestação única ou periódica, que o outro contraente faz, se vincula a segurar, isto é, se o sinistro ocorre, entregar ao outro contraente soma determinada ou determinável, que corresponde ao valor do que foi destruído, ou que se fixou para o caso do evento previsto" (*Tratado de direito privado*, tomo XLV, § 4.911,2).

A definição de F. Emydgio da Silva (ob. cit., p. 73) é a mais simples: "Seguro é um contrato em virtude do qual uma empresa (segurador de profissão) assume mediante uma prestação de cada segurado, determinados riscos."

Estamos, como se vê, diante do conceito de seguro encarado como relação jurídica estabelecida entre um *segurador* e um *segurado*, o que particulariza o contrato como uma relação jurídica de natureza bilateral.

Essa modalidade de contrato de seguro, porém, não é a única possível e muito menos a única praticada. O seguro em virtude do qual um "segurador de profissão" assume o dever de indenizar certos riscos é apenas uma das formas do contrato de seguro que a doutrina denomina *seguro a prêmio*, ou *seguro a prêmio fixo* (Orlando Gomes, *Dos contratos*, § 342).

Ao lado do *seguro a prêmio fixo*, conhece-se a figura denominada *seguro mútuo*, forma mais perfeita, sem dúvida e, em certo sentido, mais antiga de seguro, onde a idéia de *mutualidade* encontra expressão mais autêntica.

Em verdade, como diz Emydgio da Silva, os três elementos integrantes do conceito de seguro – o risco, o prêmio e a associação – acomodam-se melhor ao princípio de *mutualismo* do que a idéias de *exploração lucrativa do risco segurado*.

Como assevera o ilustre tratadista português, tanto o seguro mútuo quanto o seguro a prêmio fixo repousam na *mutualidade* (ob. cit., p. 85).

A diferença que separa as duas espécies está em que, no seguro a prêmio fixo, existirá um *capital social*, estranho aos segurados, que deve ser remunerado, o que implica a idéia de uma empresa capitalista (segurador de profissão), alheia aos segurados, que administra e explora o seguro, em benefício próprio, ao passo que no seguro mútuo não existe, sob essa forma, o capital social.

A grande distinção que se põe entre estas duas formas de seguro diz respeito, fundamentalmente, à posição dos segurados no que se refere à *gestão* do seguro.

Devemos, ainda mais uma vez, valer-nos dos ensinamentos de Emydgio da Silva, transcrevendo esta passagem de sua preciosa monografia, para determinarmos o elemento diferencial entre as duas modalidades de seguro: "O seguro mútuo e o seguro a prêmio fixo repousam ambos, como claramente se depreende das considerações anteriores na mutualidade. A organização científica da mutualidade – é a base do seguro, a segurança da operação. O fundo dos prêmios, a sua fixação, administração e repartição obedecem sempre às regras enunciadas, cuja hábil observância determinará o êxito e constituirá apenas fecunda garantia, independentemente do capital, cuja função nas companhias se compreende que esteja longe de representar a eterna solvabilidade. Não. A operação de seguros, seja qual for a forma assumida pela empresa seguradora, tem como única segurança a *atenuação mecanizada do risco pela associação, pela mutualidade;* como regra suprema a equiponderação do risco e do prêmio, único instrumento de precisão, de confiança e de garantia. Umas e outras, sociedades mútuas e anônimas, repousam na mutualidade. Mutualidade que, no dizer luminoso de Chaufton, *é consciente nas primeiras e inconsciente* nas segundas" (*Seguros mútuos*, cit., p. 85/86.).

Sendo, portanto, baseadas na mutualidade tanto o seguro denominado a prêmio fixo, quanto o seguro mútuo, assemelhados ambos por esse prisma, como afinal se distinguem entre si?

Como mostra o eminente tratadista lusitano, a distinção fundamental se faz pelo ângulo da relação que os segurados mantêm com *a gestão das economias coletivas* e com os *benefícios:* "Vejamos em primeiro lugar a posição dos segurados enquanto à gestão. No chamado seguro a prêmio fixo há uma empresa diretora independente dos segurados. No *seguro mútuo a administração é dos próprios segurados,* quer se admita como único órgão as suas assembléias gerais exercendo o corretivo supremo nas decisões de suas delegacias, que a direção, eleita pelos próprios segurados, se considere igualmente um órgão e como tal capaz de exprimir a vontade da pessoa coletiva. *Os segurados são a bem dizer seguradores de si próprios.* É escusado frisar demoradamente a incontestada vantagem de um regime que a Cauwès e a Zammarano mereceu a designação apropriada de *forma cooperativa* do seguro. Sendo a administração de segurados e não de acionistas-estranhos, são os interesses dos segurados os únicos a atender, a proteger e a efetivar – que não de uma maneira secundária e reflexa, mas primária, imediata e diretamente". (p. 92).

Não é outra, aliás, a conclusão a que chegou o egrégio Clóvis Bevilaqua, sobre a questão capital da distinção entre o seguro denominado a prêmio fixo, precariamente definido, aliás, pelo Código Civil Brasileiro, e o seguro mútuo. A distinção está na forma cooperativa de formação e administração do monte previdenciário comum: "As sociedades de *seguros mútuos* constituem-se pela reunião de certo número de pessoas, que põem em comum determinado prejuízo, *para que a repercussão do mesmo se atenue* pela dispersão. Não especulam, não tratam com terceiros para a realização do fim social, não produzem lucros. Por esse motivo, não se as devem classificar entre as sociedades que exercem o comércio, 'os sócios são os próprios segurados, e a sociedade considerada em conjunto, a pessoa jurídica, *é o segurador*'." (*Código Civil comentado*, 5ª edição, vol. V, p. 222/223).

Na essência, forma verdadeiramente cooperativa de seguro, na qual os próprios segurados, afinal, se auto-seguram através da *mutualidade*, por eles próprios constituída para esse fim e sem a menor semelhança com as sociedades comerciais.

No fundo, como logo veremos, a semelhança entre a constituição de um seguro mútuo e o *ato cooperativo* é marcante, embora seja perfeitamente possível distingui-los. De resto, nosso Código Civil, ao conceituar o seguro mútuo, teve a nítida percepção desse pressuposto: "Art. 1.466. Pode ajustar-se o seguro, pondo certo número de segurados em comum entre si o prejuízo, que a qualquer deles advenha do risco por todos corrido. Em tal caso, o conjunto dos segurados constitui a pessoa jurídica, a que pertencem as funções do segurador."

A lei, pois, de forma elegante e clara, informa que, nesta modalidade particular de seguro, não existe a figura do segurador: *suas funções* é que serão desempenhadas pela própria coletividade social formada pelos segurados.

Em verdade, quando o Código Civil esclarece que simplesmente as *funções* que, no seguro a prêmio fixo, pertenceriam ao segurador, serão exercidas pelo *conjunto dos segurados*, está a indicar que o seguro mútuo nada mais é do que uma forma cooperativa de seguro!

2.3. Natureza jurídica do seguro mútuo

Ao examinar o conceito de seguro, em geral, deparamo-nos com suas duas modalidades clássicas: o impropriamente chamado "seguro prêmio fixo" e o seguro mútuo. Veremos, agora, numa sucinta exposição, qual a natureza jurídica do seguro mútuo.

Antes, em nome da clareza da análise, é bom que se observem as razões pelas quais se diz que a denominação "seguro a prêmio fixo", freqüentemente dado ao seguro comum, é imprópria. O ponto tem profunda relevância, pois, como logo veremos, a natureza fixa do prêmio não só não é incompatível com a instituição de seguro mútuo, como com ele convive perfeitamente.

A denominação teve origem na circunstância de, nos primórdios de seguro mútuo, quando ele apenas dava seus primeiros passos ao extraordinário desenvolvimento contemporâneo, ter-se consagrado a prática de fixar-se *posteriormente aos sinistros* a quota de cada participante do seguro (Emydgio da Silva, ob. cit., p. 81); distinguindo-se, então, essa modalidade da comum, onde as quotas naturalmente deviam ser previamente fixadas, pois, sendo, neste caso, o seguro objeto de exploração lucrativa feita por uma empresa capitalista, não se conceberia que o contrato omitisse a questão do valor do prêmio a ser pago pelo segurado.

O contrato de seguro a prêmio fixo, embora se sustente no pressuposto da mutualidade e na idéia de *comunidade dos riscos*, pode ser considerado como um contrato em que se destaca a bilateralidade do negócio jurídico.

Por outro lado, em situação de absoluto antagonismo com a essência e a função do seguro mútuo, o denominado seguro a prêmio fixo, por sua própria natureza, gira em torno da idéia do lucro e da empresa, a ponto de afirmar J. Halperin que o capitalismo moderno só foi possível com o surgimento do seguro, podendo-se dizer que o seguro desempenha, invariavelmente, uma "função histórica" com relação à forma capitalista de organização social e econômica (*Los seguros en el regimen capitalista*, p. 14).

Se o seguro a prêmio fixo, explorado como ele é por corporações mercantis, sob a forma de sociedades anônimas, pode ser considerado um contrato de natureza bilateral, desde que os princípios da mutualidade e da comunidade de riscos que permitem a previsão técnica dos riscos e o estabelecimento prévio dos prêmios a serem pagos pelo segurado, é apenas um pressuposto atuarial da própria estrutura do negócio jurídico, que não tem relevância alguma para o segurado, que contrata seu seguro; já o seguro mútuo obedece ao princípio oposto: aqui a mutualidade não desempenha, apenas, uma função estruturadora do contrato, senão que é a alma do próprio negócio jurídico, em razão da qual o contrato nasce, cresce, executa-se e, eventualmente, morre, na medida em que o princípio do rigoroso mutualismo seja vigoroso, ou, ao contrário, feneça pela incompreensão, pelo espírito emulativo, ou pela ganância daqueles que nele se integram.

Essa fundamental distinção entre o seguro a prêmio fixo e o seguro mútuo separa-os profundamente no que diz respeito aos princípios jurídicos a que cada espécie subordina-se. Enquanto o seguro a prêmio fixo tem sua disciplina estabelecida segundo os princípios editados para os contratos bilaterais, ao seguro mútuo jamais se podem aplicar as regras e princípios pertinentes a tais contratos.

No seguro mútuo, o princípio da *mutualidade* impõe a sua presença e determina a índole *societária* do contrato. Esta modalidade de seguro é fundamentalmente *associativa* e pelo princípio do direito societário se regula.

Daí a seguinte assertiva de Clóvis Bevilaqua (*Código civil comentado*, cit., p. 225):"Aplica-se à sociedade de seguros mútuos a regra comum às outras sociedades: os lucros e as perdas são proporcionais às entradas (art. 1.381), salvo disposição especial dos estatutos. Na Itália tem-se largamente discutido se as mútuas são, verdadeiramente, sociedades ou meros contratos de seguro. Tal discussão, ociosa em doutrina, perde o seu objeto em face do nosso código Civil, que, francamente, classifica entre as sociedades a que se forma para pôr em comum os prejuízos resultantes de um determinado risco, a que se acham expostos os sócios todos. É uma sociedade de objeto e de natureza especial, porém com todos os caracteres essenciais a essa figura de contrato."

A partir dessa mesma premissa é que um outro eminente jurista, afirmando a natureza *societária* do contrato de seguro mútuo, declara inaplicáveis a ele todas as disposições pertinentes ao contrato de seguro a prêmio fixo. Tratando das obrigações que oneram os segurados no contrato de seguro mútuo, escreve A. Ramella, em obra clássica: "Obbligo di pagamento del contributo, che è la principale caratteristica delle *mutue*. Il contributo, raffigura un *corrispettivo* pel diritto eventuale d'indennizo in caso sinistro, ma non è un pagamento in cambio della prestazione del assicuratore, come è del prenditote di fronte all'assicuratore che sia persona *a lui* estranea, bensì conferimento del partecipe dell'associazione pel conseguimento del *comune scopo sociale*; onde è che il contributo non è geralmente fisso ma commisurato ai bisogni dell'associazione, e, nel silenzio dello statuto, va soggetto, pel versamento alle *rigorose norme del códice sul conferimento delle quote sociale* (art. 80, 83, cód. comm.) anzichè a quelle sull'esecuzione del contrato bilateral (os itálidos não estão no original) o, per analogia, al pagamento dei premi alle Compagnie" (*Tratatto delle assicurazioni private e sociali*, 1937, vol. I, p. 31).

Essa, sem dúvida, a razão básica por que se tem o contrato de seguro explorado sob forma capitalista, como seguro de prêmio fixo, a ele contrapondo-se o seguro mútuo. É que, neste, ainda que possa haver prêmio, sua fixidez, previamente estabelecida, é que será inviável, por definição, desde que a comunidade do *monte de economia coletiva*, formado por quotas sociais, representadas pelas contribuições dos segurados, continua a pertencer a todos, não ocorrendo o fenômeno econômico e jurídico da transferência desses valores do patrimônio do segurado *para um patrimônio alheio*, do segurador, como sucede no contrato de seguro a prêmio fixo. Nesta espécie, se o segurador calculou mal o prêmio, ou se por qualquer motivo, o risco segurado ultrapassa a previsão atuarial determinadora do prêmio estipulado, tudo é irrelevante e estranho ao *outro contratante*: persistirá, sempre, a obrigação de indenizar que onera o segurador, ainda com prejuízo; e seria impensável exigir-se, em tais circunstâncias, que o segurado, complementasse, com uma prestação adicional, *o déficit* do prêmio originariamente fixado.

Ora, no seguro mútuo, tal possibilidade é uma constante, e decorre de sua própria natureza de contrato de "auto-seguro", espécie tipicamente societária de negócio jurídico. A *variabilidade* do prêmio – mesmo no contrato de seguro mútuo que o contenha – está expressamente prevista pelo Código Civil que, diga-se a bem da verdade, não é um primor em matéria de disciplina do seguro mútuo. Vejamos, todavia, como a matéria está regulada: "Art. 1.468. Será permitido também obrigar a prêmios fixos os segurados, ficando, porém, estes adstritos, se a importância daqueles não cobrir a dos riscos verificados, a quotizarem-se pela diferença".

O estabelecimento claro e rigoroso de tais princípios é de importância teórica e prática, pois são freqüentes, como veremos, os equívocos dos tribunais quando pretendem aplicar ao seguro mútuo a disciplina da outra espécie. Na verdade, como pondera Barrajo Dacruz, valendo-se de lição de Garrigues, todo seguro funciona sob a forma de uma *garantia recíproca*, antes que sob a forma de operações separadas (*Estudios jurídicos de previsión social, 4*), o que ressalta a idéia de *mutualidade*.

2.4. Seguro mútuo e figuras jurídicas afins

Chegados a este ponto, é necessário estabelecer novas distinções entre o contrato de seguro mútuo e as figuras que mais próximo dele se situam. No interesse de melhor fixar o conceito que agora nos interessa, façamos o contraste entre o seguro mútuo e as *sociedades cooperativas*, e entre aquele e as chamadas *sociedades de socorro mútuo* e, finalmente, entre o seguro mútuo e o contrato de *constituição de renda*.

a) Ainda há pouco dissemos que o seguro mútuo não passa de uma forma de realização do seguro, sob uma estrutura cooperativista. Mesmo assim, uma sociedades de seguro mútuo não se confunde com uma sociedade cooperativa. Ambas têm em comum um elemento de extraordinária importância econômica e jurídica que as aproxima, sem dúvida, que é a estrutura associativa da organização de mútua colaboração entre sócios. Mas, em verdade, não se está em presença de uma ordinária organização societária. Tanto a cooperativa quanto as mútuas, são mais do que simples empresas: *são uma comunidade social*. Nelas, ao contrário do que acontece nas sociedades comerciais, não há uma completa separação entre os patrimônios de cada sócio e o patrimônio da sociedade cooperativa. A doutrina, e a própria legislação brasileira, ao conceituar a sociedade cooperativa, declaram que ela não passa de um *prolongamento do estabelecimento cooperado*. O contrato de seguro mútuo contém a mesma virtualidade.

Com efeito, se examinarmos uma cooperativa de venda em comum, por exemplo, ou mesmo uma cooperativa de produção, poderemos ver que a reunião dos esforços econômicos que define o *ato cooperativo* corresponde a uma associação de atividades empreendidas por uma determinada categoria econômica, seja de produção, de consumo, de serviços ou mesmo de crédito, tendo em vista aproximar as fases do processo produtivo, eliminando a intermediação mercantil, transferindo aos cooperados as vantagens econômicas que seriam atribuídas como remuneração própria da atividade comercial.

Assim, por exemplo, se os produtores de arroz ou de trigo de uma determinada região pretendem livrar-se das incertezas e oscilações do mercado comprador de seus produtos e resolvem, em vez de venderem separadamente as suas safras, reuni-las num monte comum para venda conjunta, formando uma entidade por eles próprios constituída com a finalidade exclusiva de receber e vender a produção dos associados, funda-se uma *cooperativa de venda em comum*. Nesse tipo de organização jurídica, não há *ato de comércio*, pois a entidade não pode – enquanto cooperativa – negociar com terceiros. Se o fizer, como a lei de resto o permite, será a sociedade cooperativa havida como uma empresa comercial comum e a relação jurídica tida como ato comercial típico.

Se diversos agricultores se associam para adquirir um equipamento agrícola em comum, tendo em vista racionalizar sua utilização econômica e tornar acessível a todos a aquisição de máquinas excessivamente onerosas para cada um deles individualmente, organizando uma sociedade para administrar o uso comum dessas máquinas, terão igualmente formado uma sociedade cooperativa. Agora de produção, porque o *ato cooperativo* não se dá mais na fase de venda, e sim, no ciclo da produção agrícola. Assim como pode haver essa forma especial de cooperação econômica na fase de produção, igualmente haverá uma similar associação de esforços no momento do consumo, reunindo-se, então, vários consumidores para comprarem em comum as mercadorias destinadas não à revenda, mas a seu próprio consumo. Se a iniciativa for permanente, a organização social que se encarregar de tal negócio será uma cooperativa de consumo.

A semelhança desse tipo organizacional com o seguro mútuo é evidente. E há, ainda, uma outra circunstância notável que os aproxima. Tanto na sociedade cooperativa quanto na sociedade mútua de seguros, as faltas e as sobras serão variavelmente *rateadas* entre os sócios, na proporção de suas respectivas quotas:

No que respeita ao seguro mútuo, o princípio está expresso no Código Civil: "Art. 1.469. As entradas suplementares e os dividendos serão proporcionais às quotas de cada associado".

Embora sejam, no entanto, extremamente semelhantes entre si as sociedades cooperativas e as sociedades de seguro mútuo, é possível estabelecer nítida distinção entre ambas.

Na sociedade cooperativa, a reunião de esforços, que dá origem ao ente social, tem por fim a obtenção de uma lucratividade econômica, pela eliminação da intermediação mercantil. O intuito e a razão de ser da sociedade cooperativa é, sempre, a prática de um ato econômico ou a eliminação de um estágio do processo econômico de produção e consumo de bens e serviços. A sociedade mútua de seguros, embora de certo modo evite também uma determinação capitalista do próprio seguro, não tem como finalidade primordial, ou como motivo determinante de seu nascimento, essa supressão do intermediário mercantil ou a apropriação de algum resultado econômico a ser transferido a seus associados.

Vittorio Salandra, respeitado especialista nesse domínio, procura mostrar a diferença específica entre uma sociedade cooperativa e uma mútua de seguros, deste modo: "Caratteristica specifica della mutua assicuratrice, che la distingue della forma affine della cooperativa, della quale pertanto non può assumere la denominazione e con la quale non va confusa, è che lo scopo mutualistico, constituito della assicurazione, viene realizzato direttamente per effeto della stessa participazione del singolo al rapporto sociale e *non, come nella cooperative*, indirettamente, *per effeto della sucessiva azione della società*, con cui mezzi vengano messi a disposizione dei soci e beni o i servigi di cui hanno bisogno" (*Commentario del codoce civile*, Scialoja-branca, *Dell'assicurazione*, p. 203).

E a percuciente lição do jurista completa-se com mais esta observação significativa: "Il rapporto sociale nelle mutue assicuratrici si compenetra e si identifica col rapporto assicurativo del quale diventa inseparabile strumento".

b) É freqüente a confusão que se faz entre o verdadeiro seguro mútuo e as denominadas *sociedades de socorro mútuo*. Em verdade, o moderno contrato de seguro mútuo teve origem nessas sociedades, de índole eminentemente filantrópica. Muitos, como é o caso de Halperin, vão ao extremo de só ver um contrato verdadeiro de seguro onde haja exploração capitalista sobre o risco assumido pelo segurador, e espírito de ganância: "É assim, em verdade, que o seguro moderno não nasce da assistência mútua e da seguridade social, senão que aquele foi, desde o início, praticado como atividade mercantil e economicamente lucrativa. Não é pois, sobre a base do sentimento de solidariedade, mas no espírito de lucro e ganância que se deve buscar as origens do seguro como instituição social autônoma" (*Los seguros en el regimen capitalista*, cit., p. 21).

A visível confusão conceitual em que incorreu o ilustre professor de Zurich, resultado, sem dúvida, de seu intenso comprometimento ideológico, será examinada mais adiante. Fiquemos, por enquanto, apenas com a seguinte observação: as primitivas sociedades medievais de *auxílio mútuo* são, realmente, as formas arcaicas e rudimentares do moderno contrato de seguro mútuo, mas não geraram, indiscutivelmente, os seguros capitalistas, que provêm, em linha de descendência direta, mais de idéia de jogo e aposta, do que, propriamente, de um sentimento de solidariedade humana (J. Halperin, ob. cit., 80).

Que o seguro mútuo e o seguro a prêmio fixo realmente tiveram origem diversa, nascidos de pressupostos diferentes, atesta-nos o autorizado Cesare Vivante, nesta passagem: "Le assicurazioni mutue ed a premio fisso si svolsero per più secoli in um campo diverso, all'insaputa le une delle altre, inconscie di esercitare la stessa funzione economica" (*Il códice i commercio commentato*, vol. VII, n. 29).

Se as *sociedades de mútuo socorro*, como o moderno contrato de seguro mútuo, nasceram sob a inspiração de um mesmo sentimento de solidariedade social, determinador do princípio básico do seguro que é o *mutualismo*, faltava-lhes, às primeiras, todos os recursos e instrumentos técnicos modernos de que se valem as *mútuas* para atingir a perfeição alcançada pelo conceito de seguro mútuo, como relação contratual, similar à do seguro a prêmio fixo, com as mesmas garantias e segurança técnica de um seguro capitalista.

É curiosa, mas certamente não é ignorada por aquelas pessoas habituadas à análise dos fatos sociais e políticos, a forma como o seguro mútuo, sofrendo através dos séculos uma perseguição inclemente e pertinaz por parte das Companhias de Seguro, para resisti-lhes os ataques, acabou por assumir uma estrutura semelhante ao próprio contrato de seguro a prêmio fixo, de que, afinal, se distingue, hoje, apenas, pelo caráter *associativo* e comunitário da relação jurídica que o define. Vivante, ainda na doce ilusão de que muitos juristas participaram, nas primeiras décadas deste século, de que as idéias de solidariedade social estariam na iminência de encurralar definitivamente o capitalismo, desfechando-lhe a batalha derradeira, mostra a tendência da evolução assumida pelo seguro mútuo, no sentido da indicada aproximação ao seguro a prêmio fixo: "Ma la viva concorrenza che le sospinge in ogni paese l'una sul terreno dell'altra per estendere il numero degli affari e per ottenere con esso l'equilibrio dei risarcimenti con i premi, há tratto le Mutue ad imitare gli ordinamenti delle Compagnie a premio fisso, cosichè le diversità della loro natura quasi compare sotto le medesime orme. Un'invencibile intolleranza, quasi presentisero che fra loro si dibatte una lotta mortale, divide le Compagnie dalle Mutue, símile a quella che si combatte fra le cooperative e gli intermediari. Chi riflette che le Mutue, come ogni altro istituto cooperativo, intendono a ripartire fra i soci guadagni dell'azienda sociale in proporzione del loro concorso, dovrà riconoscere che esse compiono l'ufficio dell'assicurazione con più equità e con più economia... E poichè nella lotta economica prevale chi compie il medesimo servizio a miglior mercato, cosi è facile prevedere che a lungo andare le Compagnie dovrano cederei il posto alle Mutue." (ob. cit., n. 29).

Racionalismo ingênuo, compenetrado de idealismo a supor que a história se faça pelos caminhos da razão pura. O seguro privado, explorado pelas Companhias é agora, se possível, mais forte do que então. Só a ação direta do Estado, instituindo o que hoje se denomina *previdência social*, foi capaz de enfrentar o menos competente, porém mais hábil, nessa luta que a Vivante e também a Emydgio da Silva pareceu que penderia fácil para o mais idôneo...!

O emérito tratadista português mostra a distinção entre as primitivas *sociedades de socorro mútuo* e o moderno seguro mútuo, nestes termos: "Na mutualidade, tortuosamente desenhada como uma trajetória de indecisão e representando pelos menos no campo das freqüentes aplicações práticas uma curiosa sobrevivência atávica, há uma primeira linha expressa continuamente na fórmula *socorro*, infelizmente moldando ainda um tipo grosseiro e rígido, inadaptado por enquanto à ductilidade funcional e ao mecanizado rigor mutualista: *a associação de socorro mútuo*, voltada em regra ao auxílio na *doença* e na *invalidez temporária*, e não integrando, na maioria dos casos, a organização disciplinada e perfeita da mutualidade. O que não quer dizer que o socorro mútuo não tenha para a adoção de um tipo definitivo ou que este não esteja de há muito entrevisto já". Contornando o esboço tracejado pelo socorro mútuo e alargando o seu raio de ação à *compensação pelos efeitos do acaso*, a mutualidade conhece a *organização científica* que é a base da categorizada instituição a que temos de estender o nosso estudo e em que às *aleatórias indecisões* do socorro primitivo e artificial *se substitui a segurança de uma operação matemática*, baseada na documentação fornecida, como veremos, pela estatística (*Seguros mútuos*, p. 6).

Pela segurança e clareza de sua exposição, não cremos que seja lícito deixarmos de transcrever mais estas lições do ilustre jurista lusitano, escritas para estabelecer a distinção entre o seguro mútuo e as *sociedades de mútuo socorro*: "O socorro mútuo, dizíamos há pouco, tem grande analogia com o seguro mútuo. Assim é, com efeito. Em primeiro lugar, são ambas instituições baseadas na fundamental mutualidade. Em segundo lugar, aplicando-nos a verificar a existência dos elementos constitucionais do seguro, nós encontramos indubitavelmente no socorro mútuo a *associação*, o *risco e o prêmio*"... "Mas semelhança não quer dizer identidade. Pelo que respeita às relações existentes entre os três elementos que formam a disciplina da operação de seguros, a situação se na verdade devia ser, já de fato não é a mesma no socorro mútuo. É a este propósito que se pode dizer até que o socorro mútuo, fixado num tipo de médio, é uma forma imperfeita ou rudimentar de seguro. No seguro mútuo nós vimos a *equiponderação do risco e do prêmio* como sendo o segredo e a razão da técnica do seguro"... "Em resumo: se o socorro mútuo em certo aspecto se integra no mecanismo do seguro mútuo, é ainda imperfeitamente e no seu tipo médio anda dele arredado pelos expedientes grosseiros que ainda hoje adota. Este o primeiro ponto". "Em segundo lugar, o socorro mútuo tem de se circunscrever, para a efetividade de uma mútua vigilância, a um pequeno número de sócios: Lafitte diz que essas associações em regra não têm mais de duzentos" (ob. cit. p. 237-340).

No direito italiano, faz-se a distinção perfeita entre as mútuas de seguro e as sociedades de mútuo socorro: "Diverse dalle mutue assicuratrici sono anche le società di mutuo socorro, aventi finalità solidaristiche consistente nel versamento di sussidi in caso di malattia o di vechiaia" (Cian-Trabucchi, *Commentario breve al códice civile*, p. 1.003).

Os ilustres comentadores observam, aliás, que o direito italiano separa as "pequenas mútuas" das "grandes mútuas", as primeiras organizadas sob a forma rudimentar de associações de mútuo socorro, particularmente dedicadas aos seguros agrícolas; as outras constituídas por verdadeiras sociedades de seguro mútuo, como aliás já indicara Emydgio da Silva (p. 249 e ss.).

c) Resta-nos, agora, perquirir a distinção entre o contrato de seguro mútuo e o contrato de *constituição de renda*, para vermos os possíveis pontos de contato entre ambos e suas particularidades. "Mediante ato entre vivos, ou de última vontade, a título oneroso, ou gratuito, pode constituir-se, por tempo determinado, em benefício próprio ou alheio, uma renda ou prestação periódica, entregando-se certo capital, em imóveis ou dinheiro, à pessoa que se obrigue a satisfazê-la." Tal o conceito legal do contrato de constituição de renda dado pelo art. 1.424 do Código Civil.

Segundo Trimarchi (*Istituzioni di diritto privato*, 1979, Giuffré. p. 50): "La rendita vitalizia è la prestazione periodica di una soma di denaro o di una certa quantità di altre cose fungibili per la durata della vita del beneficiario o di un'altra persona."

Esclarecedora, por sua vez, é a seguinte lição de Pontes de Miranda: "A *onerosidade* do contrato de constituição de renda resulta de alguém dar a outrem o bem imóvel ou o dinheiro, transferindo-lhe a propriedade e a posse, para que receba prestações de dinheiro ou de outro bem fungível, durante tempo indeterminado. Pode ser introduzida álea, e. g., se o contrato é para que se preste a renda durante a vida da pessoa beneficiada. Uma das prestação foi *instantânea* (sem destaque no original): a da transferência da propriedade e da posse própria do capital. A outra, unitária, é satisfeita em prestações singulares" (*Tratado de direito privado*, XLIV, § 4.808, 1).

A contraprestação, portanto, a ser cumprida pelo devedor, no contrato de constituição de renda, assemelha-se muito aos benefícios outorgados pela previdência social, e pela denominada previdência privada, sob forma de pensões ou aposentadorias. Do lado do estipulante, todavia, a situação é claramente distinta por motivos fundamentais: (a) quem estipula o benefício representado pelo contrato de constituição de renda deve prestar de uma só vez e instantaneamente o imóvel ou o capital destinado a gerar o futuro benefício; (b) ao contrário do seguro mútuo, o contrato de constituição de renda não tem o menor indício de ajuste de índole societária. Jamais poderá o credor associar-se ao devedor como forma adequada para formação jurídica do contrato.

Enquanto o contrato de seguro mútuo é, por natureza, associativo, o de constituição de renda é francamente bilateral. Porém a prova mais cabal da distinção entre as duas figuras é dada por Cian-Trabucchi (*Commentario breve*, cit., p. 787), ao mostrarem que a constituição de renda pode ter como fonte um contrato de seguro.

Ora, no contrato de seguro mútuo, a distinção logo se revela. Se alguém, ingressando como *associado* de uma mútua, inscreve o beneficiário que haverá de perceber as vantagens financeiras de sua poupança, certamente não ajusta uma constituição de renda, já que suas prestações obedecem a uma periodicidade que inexiste no contrato de constituição de renda. Além disso, passando o instituidor a ser sócio daquele que seria devedor no contrato de constituição de renda, desfigura-se completamente esta espécie de negócio jurídico.

Há, contudo, outro elemento capaz de distingui-los ainda melhor e que diz respeito ao elemento mais essencial ao seguro mútuo. No contrato de constituição de renda, não há o menor sinal da *mutualidade*, podendo ser ajustado e, normalmente o é, para um só caso, o que seria uma completa impossibilidade em se tratando de qualquer espécie de seguro que, como vimos, pressupõe uma multidão de contratos similares, em virtude de uma contingência de natureza técnico-atuarial, pois a segurança para o estabelecimento dos prêmios e das futuras indenizações depende do que os estatísticos denominam "lei dos grandes números" (Carlos Posada, *Los seguros sociales obrigatórios* en Espana, 12), descoberta pelo matemático suíço Jacques Bernoilli, no século XVII (Armando de Oliveira Assis, *Compêndio de seguro social*, p. 16).

Por não estar atenta à verdadeira natureza jurídica do contrato de seguro mútuo, a 1ª Câmara Cível do TJRS. confundiu-o com o contrato de constituição de renda, denominando-o, porém, confusamente, como "seguro de renda vitalícia" (apel. 35. 276). Equívoco que depois se repetiu, na apel. 36.191, quando se considerou *bilateral* o que se disse ser "autêntico *contrato de seguro de eventos, com a morte a cortar a vida e a doença a miná-la*", mas que, em verdade, era um contrato de seguro mútuo, dos que integram a "previdência privada brasileira", de natureza *mutualista*.

2.5. Execução do contrato de seguro mútuo

Estabelecida a natureza e o conceito do seguro mútuo, ainda com o propósito de melhor compreendê-lo e defini-lo, devemos lançar um rápido olhar sobre o modo como ele se forma e sobre os aspectos fundamentais de sua execução.

Para bem compreender a estrutura atual do seguro mútuo, haveremos de ter presente o fenômeno, por nós já indicado, da intensa assimilação por parte dele das técnicas e vantagens do seguro a prêmio fixo, a ponto de se poder dizer que, hoje, a única diferença que separa as duas espécies é, efetivamente, o fato de ser o mútuo uma forma especial de *auto-seguro*, onde a mutualidade mais se destaca, a ponto de determinar que a figura do *segurador capitalista* desapareça do contrato, para que as funções a ele atribuídas – como prescreve o art. 1.466 do nosso Código Civil – sejam exercidas *pelo conjunto dos segurados*, através da sociedade mútua de seguros, com tal finalidade constituída.

Sendo assim, é compreensível que as mútuas passassem a usar, como as Companhias, além do instrumento natural de disciplina contratual, que é o estatuto, uma apólice de seguro mútuo emitida no momento em que o segurado, participante do sistema, nele ingressar, subscrevendo sua proposta de admissão como sócio.

Seja-nos permitido, ainda uma vez, valer-nos dos ensinamentos de Emydgio da Silva, para esta breve exposição sobre modo de formação do contrato de seguro mútuo, mostrando a semelhança técnica entre ele e o seguro a prêmio fixo: "Não há razão, na prática, para que a formação do contrato de seguro mútuo não obedeça precisamente às mesmas regras do seguro a prêmio fixo. Alguns autores, como Houpin, Lefort e Astresse, deixam prender-se exclusivamente a uma concepção rotineira do seguro mútuo, completamente fora dos processos de especulação que ele integralmente adota hoje".

A que processos de especulação se quer referir o ilustre jurista lusitano? Seria, porventura, tal assertiva, a confissão de que a mútua, como qualquer Companhia, especula lucrativamente com o negócio de seguro? Não, absolutamente não é isso que o escritor quer significar. Trata-se, ao contrário, de uma verdade singela: é da essência do seguro, qualquer que seja sua configuração particular, tornar-se mais seguro e sólido à medida que aumenta o número de pessoas ou coisas seguradas.

Decorre isso do conhecido princípio de ciência atuarial, segundo o qual a chamada "lei dos grandes números" que possibilita o cálculo estatístico dos riscos, torna-se sempre de aplicação mais perfeita e rigorosa, à medida que o número de eventos sociais previstos como risco segurado aumenta. Daí ser inerente ao contrato de seguro a formação de um amplo e bem organizado esquema promocional que lhe facilite o crescimento constante.

Veremos como essa contingência pôde ser suprimida no denominado "seguro social", apenas porque, neste, o Estado tornou obrigatória a filiação de toda a categoria que programaticamente se pretendeu segurar e sobre a qual se estabeleceram os prêmios.

Continuemos, portanto, com a lição de Emydgio da Silva: "Assim, usando-se os mesmos processos de publicidade especuladora, com a assistência multiplicada dos mesmos *agentes*, o contrato de seguro mútuo pode formar-se precisamente nas mesmas condições em que ele se forma nas sociedades anônimas: isto é, com uma dupla assinatura num instrumento único denominado apólice, em que se contêm formuladas as regras gerais da operação, e no caso do seguro mútuo, a adesão implícita a todos os preceitos estatutários".

Destaca-se, portanto, em nítida visão, o caráter associativo e não-bilateral do contrato, se ainda necessitássemos, porventura, de confirmação para tal princípio.

Cesare Vivante, o clássico comercialista italiano, é categórico ao indicar, não apenas o caráter associativo do contrato, mas, fundamentalmente, a principal conseqüência desse princípio, ao mostrar que aí reside a segurança da mútua e da própria comunidade dos segurados, desde que, a ter-se por bilateral o contrato, a ação dissolvente e deletéria eventualmente tentada pelos segurados poderia causar a ruína do sistema, na medida em que fizesse a entidade social desmoronar, exangue de recursos. Eis suas palavras que, para nós soam como proféticas: "Gli scrittori che considerano le adesioni ad una Mutua come contratti di assicurazione, commettono lo stesso errore di chi considerasse il contratto per cui si entra nelle società cooperative come un contrato di prestito, di compra-vendita, o di sconto pigliando l'oggetto pel contratto di società. Dimenticano come la ripartizione dei danni che si compie fra tutti gli associati serva nelle Mutue a determinare il rapporto giuridico con l'impresa, mentre nelle Compagnie anonime quel processo di ripartizione si svolge quasi interamente come un processo interno, estraneo agli assicurati. Dimenticano che la quota dovuta dai soci di una Mutue è essenzialmente variabile, secondo il risultati dell'esercizio sociale, mentre il premio è irrevocabilmente fissato nella conclusione del contratto di assicurazione... Se le Mutue, per ragione di concorrenza, per dare maggiore espeditazza agli affari, imitano coll'uso delle polizze e della quota fissa le forme snelle e precise che le Compagnie a premio fisso diedero ai própri affari, questa apparente uniformità dissimula sempre una diferenza essenciale e caratteristica, che consiste precisamente in ciò, che i soci di una Mutua sono legati all'impresa da un vincolo sociale, per cui sono esposti al rischio di guadagnare o di perdere secondo la fortuna dell'esercizio, ciò che indarno si cerca nel contratto de assicurazione".

E, a respeito da natureza *bifronte* do contrato de seguro mútuo que conteria um contrato de seguro e um de sociedade, sendo civil para o segurado e comercial para o segurador, doutrina esta que teve, como se sabe, grande voga entre os comercialistas do início do século e a que adere, por exemplo, Ramella (p. 23 e ss.), escreve Vivante, logo a seguir: "Nè colgono meglio nel segno coloro che vi ravvisano due contratti distinti, quello di società regolato dello statuto sociale e quello di assicurazione regolatto dalla polizza. Infatti facendo questa distinzione si riesce all'assurdo giuridico di trovare due contratti dove c'è una sola volontà di obbligarsi, una sola causa giuridica. Basta riflettere che non si può entrare nella società senza essere in pari tempo assicurato; – che non si può essere assicurato senza participare al vincolo sociale..." (*Il Codice di Commercio comentato*, cit. p. 48-49).

E logo adiante, esta lúcida observação: "Conseguentemente nel determinare i rapporti giuridici della Mutua coi soci le regole del contratto di società devono prevalere a quello contratto di assicurazione. In questa prevalenza la Mutua troverà il suo punto d'appogio per resistere alla forza dissolvente delle pretese individuali dei soci assicurati. Guai per l'istituto, e alla fine dei conti anche per i soci, se armati dei diritti che la legge consente agli assicuratti contro le Compagnie, potessero indebolire la forza coesiva dell'associazione e rifinire cosi la fonte stessa di ogni garanzia." (p. 50).

Ai da Mútua, se aos associados fossem reconhecidos os mesmos direitos que lhes confere o contrato bilateral de seguro perante uma companhia seguradora! Quem cometesse esse engano fatal, estaria a admitir que o associado que, individualmente agredisse sua entidade, estivesse afinal a devorar a própria cauda, como o lagarto da estória...!

Feita esta pequena digressão, voltemos ao ponto e vejamos a lição de Emydgio da Silva, no que respeita à gestão das quotas sociais, formadoras das reservas, desde que, como é curial, os ingressos representados pelas contribuições dos sócios, hão de ser convenientemente geridos, uma vez que o cálculo inicial levado a efeito para a determinação do valor das quotas, à semelhança da técnica do seguro a prêmio fixo, deve ter em conta o valor das quotas e o valor adicional de seus rendimentos: "A obrigação de administração geral e técnica é naturalmente a de uma administração zelosa, resumida no pensamento do melhor interesse coletivo e em que profundamente influi a observância rigorosa de todas as regras técnicas no desenvolvimento da operação de seguros a que a sociedade tem igualmente de dar execução pontual. A sociedades desligada do compromisso rudimentar de quotas posteriores ao sinistro, tem de presidir, além da cobrança, ao giro do fundo comum permanente. Como sua obrigação, se menciona o mais produtivo emprego desse fundo, que a capitalização, colocada ao lado de cada operação de seguro, prodigiosamente fecunda" (p. 591).

Em verdade, como assevera Vivante (ob. cit., o. 411), no desenvolvimento histórico das sociedades de seguro mútuo, foi essa contingência que lhes obrigava a investir convenientemente os recursos sociais provindos das contribuições dos segurados, que impôs à doutrina o reconhecimento de personalidade jurídica à mútua de seguros, antes considerada simples associação, sem personificação jurídica, o que impunha que os administradores, em suas relações com terceiros, fossem compelidos a obrigarem-se individualmente.

Por outro lado, sendo as quotas sociais em toda sociedade mútua de seguros essencialmente variáveis, ainda quando hajam os estatutos determinado um valor inicial provisório fixo, o critério técnico recomendável, sempre que os fundos sociais se mostrem insuficientes para cobrir o valor total dos benefícios prometidos, é o votar-se uma chamada extraordinária de receitas, mediante a instituição de quota de ajuste técnico, destinada a fornecer os recursos adicionais necessários (Salandra, *Dell'assicurazione*, cit., p. 202), a que, naturalmente, pode o associado ser compelido pelos meios legais, "desde que ficou em vigor durante todo o exercício a mutualidade de segurança" (Emydgio da Silva, p. 582).

Por sua vez, a proteção das reservas formadas para pagamento das indenizações devidas aos sócios, ou a seus beneficiários, às vezes tem merecido disciplina especial, como ocorreu com a lei italiana n. 966, de 29 de abril de 1923, que vedou aos credores a possibilidade de agirem executivamente sobre os bens destinados à formação das reservas técnicas, em benefício dos associados (Trabucchi, *Instituzioni di diritto civile*, p. 364). Outras vezes, tem-se concebido um privilégio especial em favor dos segurados frente a terceiros em caso de liquidação da sociedade mútua, o que poderia, em certo sentido, dissimular a existência da sociedade, dando ao sócio uma aparência de credor. Contudo, não esqueçamos que a *mútua* não tem capital, e sim, fundo de garantia destinado justamente a dar cobertura aos segurados e, mesmo que se dê prevalência ao caráter societário desse contrato, a observância daquele terá invariavelmente por limite a especialidade do contrato associativo (Francesco Messineo, *Manual de derecho civil y comercial*, trad. S. Sentis Melendo, Tomo VI, 180; Salandra, *Dell'assicurazione*, cit., 205).

2.6. Previdência social e previdência privada

A doutrina de um modo geral contrapõe a *previdência social* à denominada *previdência privada*. Tal posição, contudo, pode levar à falsa idéia de que a previdência privada não seja, quanto à sua natureza e organização, tão social quanto a primeira.

Quando se procura identificar a previdência social com o *seguro estatal*, de natureza obrigatória, o que se faz é seguir a linha de evolução histórica dos chamados "seguros operários", surgidos no século XIX, principalmente na Alemanha, como decorrência da formação da sociedade industrial. Todavia, não se põe a previdência, também chamada "seguridade social", em contraposição ao que seria previdência *individual*. Como já vimos, esta seria uma idéia absurda, por absoluta impossibilidade técnica, desde que toda previdência se funda no princípio do *mutualismo*.

Por outro lado, como diz apropriadamente Armando de Oliveira Assis (*Seguro social*, n. 37), a previdência social não deixa de ser, como qualquer outra forma de previdência, um "verdadeiro seguro".

O *seguro social* surgiu, sem dúvida, como uma conseqüência do desenvolvimento industrial que empolgou a Europa a partir da metade do século XIX, gerando os conhecidos fenômenos de desemprego de grandes contingentes humanos que, freqüentemente, foram deslocados pelo emprego das máquinas. Em verdade, o seguro social, se quisermos ser mais precisos, foi determinado pelo surgimento do próprio proletariado moderno.

Seja-nos permitido transcrever as seguintes passagens do estudo de Armando de Oliveira Assis a esse respeito: "Pelos meados do século XIX já se achava francamente desencadeada a 'questão social', e os Governos das nações mais industrializadas da Europa sentiram que um dos recursos para atender aos graves problemas que se apresentavam era o de estimular o movimento mutualístico entre os trabalhadores, mormente aportando às associações de auxílio mútuo importantes subvenções financeiras, de modo a fomentar uma previdência voluntária de origem coletiva" (p. 57).

Contudo, como observa o eminente professor da Fundação Getúlio Vargas, mesmo com o apoio estatal, as "mutualidades" não tiveram força para vencer a crise, fundamentalmente porque, sendo facultativo o ingresso no sistema, apenas aquelas pessoas de maior nível cultural e que poderiam ter uma visão adequada do valor de tais empreendimentos nele ingressavam, o que determinava um correspondente aumento de custo, na medida em que o "grande número", capaz de dissolver o risco segurado, a muito custo e precariamente se formava; nessas circunstâncias, sendo modesto o *campo de aplicação* dessa espécie de seguro social facultativo, os benefícios retribuídos aos segurados tornavam-se pouco atraentes, o que, por sua vez, causava novas influências negativas sobre o sistema.

Vejamos, ainda sobre o problema do surgimento do chamado seguro social, a lição de Aguinaldo Simões, eminente professor da Universidade Católica de São Paulo: "Em 1869, diante dos agudos problemas criados pelo desenvolvimento da grande industria na Alemanha – aliás posterior à da Inglaterra e à da França – o Parlamento da Confederação do Norte convidou o Chanceler alemão a apresentar um projeto de 'seguro operário'. Esta foi a denominação inicial do seguro social, porque, principalmente na Europa, se faz a distinção entre operários (sem colarinho alto) e empregados (de colarinho alto). Para o escritor G. Schmoller (1875), o seguro social representa a forma mais indicada para substituir a limitada assistência pública. E o chanceler Bismark, estudando com seus colaboradores a fórmula cooperativa, as bases do mutualismo do seguro privado e do socorro mútuo, bem como as idéias dos socialistas de cátedra – estes já desacreditados – percebeu o partido que delas poderia tirar para combater ao mesmo tempo o socialismo e o liberalismo que ameaçavam de perto a estabilidade política do Império Alemão" (*Princípios de segurança social*, 1967, n. 61).

Como se vê, os princípios que inspiravam a previdência social estão intimamente ligados às idéias de solidariedade social e mutualismo e apenas mais longinquamente ao conceito capitalista de seguro, como forma de atividade lucrativa.

A previdência privada, portanto, é uma forma de previdência social que, todavia, desta se distingue por duas circunstâncias básicas: (a) é facultativa, enquanto a previdência social é obrigatória, imposta por lei a toda uma categoria social e, segundo as aspirações acalentadas por seus teóricos mais ilustres, dentre os quais se deve destacar o planificador inglês Beveridge, o mundo contemporâneo logo ingressaria na "era da seguridade social", onde toda a população do Estado estaria segurada, como efetivamente ocorre na Inglaterra e em outros países; (b) enquanto o chamado *seguro operário*, fundamentalmente, destinava-se a proteger o trabalhador contra os "riscos sociais" da velhice, da doença e do desemprego, segurando-lhe afinal o próprio salário (Armando de Oliveira Assis, p. 64), a previdência privada não mantém qualquer relação necessária com os trabalhadores.

Sucede, porém, que as duas modalidades de previdência, seguindo os mesmos caminhos convergentes, historicamente trilhados pelo seguro a prêmio fixo e pelo seguro mútuo, a cada dia mais se aproximam, a ponto de ter-se hoje formas obrigatórias de verdadeiro seguro privado como é o caso do seguro obrigatório de veículos automotores, contra acidentes de circulação, enquanto a previdência privada passa a cobrir mais diretamente o mesmo campo que, em princípio, estaria reservado à previdência social, através da inclusão dos "riscos sociais" em seu campo de aplicação.

De resto, o grande sonho da estatização completa do seguro social que ao findar a Segunda Guerra Mundial empolgou aos espíritos, induzindo sua inclusão na Carta do Atlântico, como uma aspiração da sociedade moderna, já hoje não entusiasma tanto, fundamentalmente porque o Estado, como sempre, não tem se mostrado um administrador competente da previdência social.

Pode-se mesmo afirmar que as tendências atuais do seguro social orientam-se no sentido de reservar-se um espaço apreciável à previdência privada, como forma complementar do esforço estatal para o estabelecimento de um sistema completo e geral de "seguridade social". E, mesmo no que diz respeito ao domínio da previdência social, nota-se um autorizado movimento no sentido da redução da ingerência do Estado na administração do seguro social, em prol da maior participação dos próprios segurados na gestão da previdência, hoje, totalmente entregue ao poder estatal.

Nesse sentido, é importante notar como o *novo modelo de sistema de seguridade social*, sugerido pela Organização Ibero-Americana de Seguridade Social, preconiza um sistema de seguridade participativa, onde a função gestora do Estado passaria a ser francamente subsidiária, reservando-se aos grupos sociais interessados a administração da previdência social.

Vale a pena transcrever-se a seguinte fundamentação dada pelos redatores do citado documento: "La participación de los interesados en el gobierno de los Seguros Sociales respondía ya a la doctrina iberoamericana; pero la práctica ha puesto de manifiesto que la participación lograda ha sido insuficiente y no ha generado la responsabilidad a que obedecía el principio. Basta considerar cómo se producen las quejas y el descontento en cualquier defecto de gestión o de falta de eficacia, para comprobar que los beneficiarios no sienten la responsabilidade compartida de la gestión del Seguro Social. Aquí hay dos grandes alternativas. O gestiona el Estado con una débil colaboración de los interesados, o gestionan los interesados con el control del Estado. En el mundo iberoamericano la gestión de la Seguridad Social será tanto más eficaz cuanto mayor sea el grado de participación responsable de los interesados y, no solo a nivel central, sino a los distintos niveles territoriales, locales o sectoriales". (J. Hünicken, *Curso de seguridad social*, Córdoba, Argentina, 1978, p. 543).

Na verdade, o seguro social, como observou o próprio Halperin – o radical defensor da idéia de que o seguro mercantil seria a condição para o desenvolvimento de qualquer sistema capitalista –, transformou-se, no mundo moderno, em condição essencial para a subsistência do capitalismo (*Los seguros en el regimen capitalista*, p. 122).

A natureza marcadamente supletiva – mas integrante da previdência social do Estado – assumida pela "previdência privada" brasileira, como sabemos, constitui, em verdade, um marco legislativo. A lei 6.435, ao defini-la, deixa clara sua função social, de dispositivo auxiliar e complementar da previdência social.

2.7. Conclusões

Depois dessa breve exposição sobre os conceitos de seguro, seguro mútuo e previdência social, como a forma moderna do primitivo "seguro operário", podemos alcançar as seguintes conclusões:

I) O seguro privado, qualquer que seja sua forma, tem por fundamento o *mutualismo* e o princípio da *homogeneização dos riscos* que somente se conseguem através de cálculos estatísticos fundados na matemática atuarial, segundo o princípio que lhe confere segurança técnica, pela pulverização dos próprios riscos no seio de uma grande comunidade social (Armando de Oliveira Assis, ob. cit., p. 23).

II) A *previdência social* é uma forma legítima de seguro que emprega rigorosamente as técnicas a este instituto pertinentes, com a diferença de ser, ao contrário do seguro privado, de natureza obrigatória, imposto por lei e não constituída por uma relação contratual.

III) O seguro privado se distingue em dois grandes grupos: o denominado *seguro a prêmio fixo* e o *seguro mútuo*, que se caracterizam pela forma diversa como se administram as reservas formadas por seus participantes: (a) no seguro capitalístico, a sociedade anônima o administra com *finalidade lucrativa* sem, todavia, perder a sua função de *depositária do fundo comum* (Armando de Oliveira Assis, p. 39), ficando, assim, caracterizada a relação contratual que vincula a Companhia seguradora e cada segurado como uma relação jurídica preponderantemente bilateral, embora fundada na idéia do *mutualismo*; (b) o denominado *seguro mútuo*, ao contrário, não é explorado comercialmente por um administrador estranho ao conjunto dos segurados, senão que é gerido por uma entidade civil de natureza não-lucrativa, formada pelos próprios segurados, em regime cooperativo e sob forma de *auto-seguro*.

IV) A denominada previdência privada, particularmente as legalmente chamadas "sociedades abertas" de previdência, são uma forma de *seguro mútuo*, regulada e fiscalizada pelo Estado como instrumento complementar da previdência estatal.

V) Tendo em vista as modernas tendências assumidas pela previdência social, não parece aconselhável que se retroceda no caminho da plena seguridade social, renunciando ao mutualismo autêntico, para entregar-se a previdência privada às companhias capitalista.

VI) Em vez de adotar-se esse caminho, seria aconselhável que se procurasse aprimorar cada vez mais o sistema de previdência privada *mutualista*, tornando-se mais efetiva a democracia social que lhe é inerente, pois, como assevera Hünicken (ob. cit., p. 18) "no mutualismo encontramos, em sua forma mais acentuada, o espírito de solidariedades que hoje constitui um dos princípios básicos da seguridade social".

VII) No que diz respeito às questões de hermenêutica contratual, a distinção fundamental entre as duas espécies de seguros impõe-se desde logo: enquanto o seguro a prêmio fixo há de ser tratado como negócio jurídico preponderantemente *bilateral*, o contrato de previdência privada, constituído sob forma de negócio jurídico de seguro mútuo, há de merecer disciplina pelas normas e princípios dos *negócios societários* (Clóvis Bevilaqua, *Código Civil comentado*, V/225).

VIII) Como decorrência lógica do princípio anterior, qualquer vantagem ou benefício de natureza previdenciária que as entidades de previdência privada possam conceder haverão de ser contabilizados a débito do *fundo comum* a todos os associados pertencentes. As retribuições que a *mútua* desenvolve, sob forma de benefícios, devem guardar rigorosa *proporcionalidade* com a respectiva *poupança* do associado, *dentro das forças das reservas financeiras*. Neste contexto, seria impensável o tratamento hermenêutico do contrato de previdência, organizado sob forma de seguro mútuo, segundo os princípios dos contratos bilaterais, como se o associado pudesse assumir a posição jurídica de um segurado comum, perante uma companhia de seguros que lhe fosse estranha.

IX) Por outro lado, sendo societário o contrato, toda a comunidade participante do negócio jurídico de previdência privada, instituído segundo o princípio do contrato de seguro mútuo, vincula-se às deliberações sociais, como em qualquer outra organização societária, pois, como disse o eminente Des. Werter Faria, citando Joaquim Rodrigues, o efeito vinculador das decisões das assembléias gerais *é* a chave de todo o sistema de funcionamento das sociedades (Apel. Cível n. 583018171 julgada pela Segunda Câmara Cível do T.J.R.G.S.).

Porto Alegre, agosto de 1983.

3. Direitos individuais homogêneos e relações comunitárias[1]

A consulente, uma empresa de seguros, responde como demandada a uma ação "civil coletiva" proposta por entidade civil com base nos seguintes fundamentos.

Dizendo-se legitimada pelo Código de Defesa do Consumidor a promover, em nome dos segurados, a aludida "ação coletiva", para obter a declaração de nulidade da cláusula do contrato de seguro de responsabilidade, que tenha por objeto veículo automotor, nos casos de perda total do bem segurado, quando a respectiva apólice estabeleça, como critério indenizatório, o "valor de mercado" do bem segurado e não o "valor declarado" na apólice de seguro –, pede a autora (a) a declaração da nulidade da cláusula, "porventura existente em contrato"; e a esta demanda cumula mais as seguintes: (b) no caso de a indenização ter-se dado pelo valor de mercado, a condenação da consulente a "efetuar o pagamento da diferença entre o valor já indenizado" e aquele representado pelo "valor declarado na apólice"; (c) sua condenação a reparar o dano moral a cada consumidor a quem porventura tenha indenizado valor menor que o declarado na apólice" (d) finalmente, pede a condenação da consulente a "mandar publicar extrato da sentença condenatória transitada em julgado" nos grandes jornais diários da Capital.

Como medida liminar, pede que a consulente seja impedida de pagar as indenizações "pelo valor médio de mercado", para promovê-las "pelo valor declarado nas apólices de seguro", além de ser, igualmente sob forma de medida liminar, obrigada – no prazo de

---

[1] Este parecer foi publicado no livro "Da sentença liminar à nulidade da sentença", Forense, 2002.

quinze dias a partir da "citação/intimação" – a enviar a todos os segurados aos quais tenha indenizado com base em valor inferior ao constante da apólice de seguro, aviso "informando o conteúdo da medida liminar", bem como alertando-os para a possibilidade de os mesmos "pleitearem o complemento da indenização", pela via administrativa.

Tendo a consulente contestado a demanda, pede-nos resposta para as seguintes questões: a) Qual a natureza do direito protegido pelo "fundo financeiro" utilizado pelas seguradoras, para pagamento das indenizações devidas aos segurados? b) Esse direito pode ser incluído na classe dos "direitos individuais homogêneos", no sentido do Código de Defesa do Consumidor?

3.1. Resposta

1. Antes de abordar os temas propostos na consulta, é indispensável fazer algumas observações de ordem geral sobre certos conceitos, pressupostos na formulação dos quesitos apresentados pela consulente.

A exposição, mesmo sumária, de alguns pressupostos do sistema terá por objetivo elucidar a natureza dessa nova categoria introduzida no Direito brasileiro, denominada "direitos individuais homogêneos", a que se refere o Código de Defesa do Consumidor (Lei 8.078, de 11.09.90), exame que se impõe tanto pela significação intrínseca quanto pela relevância que essa nova figura de direito subjetivo assume para a consulta.

Dispõe o parágrafo único do art. 81 dessa lei: "A defesa coletiva será exercida quando se tratar de: III – interesses ou direitos individuais homogêneos, assim entendidos os decorrentes de origem comum".

Como observa o Prof. Watanabe, um dos autores do Projeto depois transformado no Código de Defesa do Consumidor, a primeira manifestação de um instrumento legal análogo às *class actions* do direito americano surgiu com a Lei 7.913, de 7 de setembro de 1989, editada para a tutela dos investidores no mercado de valores mobiliários (*Código Brasileiro de Defesa dos Consumidores – Comentado pelos autores do anteprojeto*, Forense Universitária, 4ª ed., 1995, p. 507, nota 18), na verdade uma forma de proteção a direitos individuais homogêneos, ainda não autênticos direitos coletivos.

A locução "origem comum" merece atenção, uma vez que a lei, quando dispõe em norma genérica sobre alguma forma de proteção judicial, tende a raciocinar como se o instrumento correspondesse à forma mais comum de tutela jurisdicional, que é a ação condenatória que, como se sabe, é por natureza uma ação fundada em relação jurídica *litigiosa bilateral*.

Este pressuposto cresce de significação quando se tem em conta que a proteção visada pelo Código de Defesa do Consumidor, na generalidade dos casos, busca assegurar indenização às vítimas de danos, causados aos direitos e interesses que ele protege, cujo instrumento de tutela processual é justamente a ação condenatória. E esta, a ação de condenação, é na verdade a expressão mais autêntica de tutela aos *direitos subjetivos*, mais que as ações declaratórias e constitutivas, mesmo porque a formação dessa categoria precedeu de muito a concepção das ações declaratórias e constitutivas, que somente se consolidaram como categorias jurídicas autônomas a partir da consagração do Direito Processual Civil como um ramo especial do conhecimento jurídico.

2. Escreve Watanabe, referindo-se aos chamados "direitos individuais homogêneos":

"'Origem comum' não significa, necessariamente, uma unidade factual e temporal. As vítimas de uma publicidade enganosa veiculada por vários órgãos de imprensa e em repetidos dias ou de um produto nocivo à saúde adquirido por vários consumidores num largo espaço de tempo e em várias regiões têm, como causa de seus danos, fatos com homogeneidade tal que os tornam a 'origem comum' de todos eles" (ob. e loc. citados).

3. Devemos ter presente a diferença significativa entre os "interesses coletivos" nas duas espécies tratadas pelos incisos I e II do art. 81 do CDC – os "difusos" e os "coletivos" – e esta terceira categoria a que se refere o inc. III, como sendo os direitos "individuais" homogêneos. Enquanto as duas categorias anteriores constituem interesses indivisíveis, atribuídos a uma generalidade de pessoas, estes,

os "individuais homogêneos", são autênticos "direitos subjetivos individuais", com todas as notas conceituais próprias desta categoria comum.

O CDC, por uma questão de simples conveniência, os disciplinou ao lado dos "interesses transindividuais", dada essa analogia formal entre eles e os autênticos direitos ou interesses coletivos.

Escrevem Rosa Maria e Nelson Nery Júnior em comentários ao art. 81 do CDC (*Código de Processo Civil comentado*, RT, 3ª edição, 1997, p. 1394):

"Direitos individuais homogêneos são os direitos cujo titular é perfeitamente identificável e cujo objeto é divisível e cindível. O que caracteriza um direito individual comum como homogêneo é sua origem comum. A grande novidade trazida pelo CDC no particular foi permitir que esses direitos individuais pudessem ser defendidos coletivamente em juízo".

A lei distingue entre tutela dos direitos "coletivos" e tutela coletiva de direitos "individuais", como em fórmula brilhante, disse Teori Zavascki, ao escrever:

"É com esse mesmo propósito que se buscará aqui reflexão sobre tema que a experiência diária evidencia ser foco de boa parcela dos equívocos: a distinção entre os mecanismos processuais para a defesa de direitos coletivos e os mecanismos para defesa coletiva de direitos.

Com efeito, o Código de Proteção e Defesa do Consumidor introduziu mecanismo especial para defesa coletiva dos chamados 1direitos individuais homogêneos1, categoria de direitos não raro confundida com os direitos coletivos e difusos e por isso mesmo lançada com eles em vala comum, como se lhes fossem comuns a idênticos os instrumentos processuais de defesa em juízo. Porém, é preciso que não se confunda defesa de direitos coletivos (e difusos) com defesa coletiva de direitos (individuais). Direito coletivo é direito transindividual (= sem titular determinado) e indivisível. Pode ser difuso ou coletivo *stricto sensu*. Já os direitos individuais homogêneos são, na verdade, simplesmente direitos subjetivos individuais. A classificação de homogêneos não desvirtua sua natureza, mas simplesmente os relaciona a outros direitos individuais assemelhados, permitindo a defesa coletiva de todos eles" ("Defesa de direitos coletivos e defesa coletiva de direitos", *Revista de Processo*, RT, n° 78, p. 33).

A isto ainda seria lícito acrescentar uma distinção talvez mais significativa. Enquanto, para os verdadeiros direitos transindividuais ou coletivos a "origem comum" é o ato ou fato danoso – posto que originariamente nada os vincula –, para os "individuais homogêneos" é possível identificar a comunidade que os une especificamente no ato de sua formação, ou de sua origem, como direito subjetivo individual. Eles são identificáveis, não pela exposição a um dano comum, e sim por sua gênese comum.

Se considerarmos as eventuais vítimas de um certo dano ambiental, é fácil constatar a inexistência de qualquer relação jurídica que os una em sua origem, enquanto relação geradora do direito à proteção contra o dano. O que os irmana não é a "origem comum" do direito, e sim, sua eventual exposição a um dano da mesma natureza. Ao contrário, os "direitos individuais homogêneos" são homogêneos por sua "origem comum", antes de qualquer exposição a um dano eventual.

O que acontece com a tutela dos chamados "interesses difusos", a que acabamos de aludir, ocorre também com os denominados "interesses coletivos" (art. 81, II, do CDC). Distinguem-se entre si essas duas classes pela circunstância de que, nesta última, é possível identificar uma "relação jurídica-base" que lhes serve de "origem comum". Pensemos na classe dos contribuintes de um determinado imposto, quando se defendam, por meio de uma ação coletiva, contra alguma exigência tributária inconstitucional que a todos atinja; ou na classe dos motoristas, ou dos bancários ou servidores de um determinado setor do serviço público.

Aqui seria possível identificar a "origem comum", porém mesmo nesta classe de "direitos transindividuais" o que mais importa não será nunca a identidade de origem, e sim, a condição de cada indivíduo pertencer àquela classe, porventura atingida pelo dano.

Poderíamos dizer, forçando um pouco o conceito, que a proteção é outorgada mais propriamente à classe do que aos indivíduos que a compõem, ao passo que, nas hipóteses de "direitos individuais homogêneos" a tutela é dirigida a cada uma das vítimas do dano contra o qual se busca proteção. Eles não se encontram irmanados pelo *dano*, mas pelo *direito*, cuja origem seja comum.

4. A diferença entre direitos "transindividuais" e os direitos "individuais" homogêneos assume, na perspectiva da consulta, uma importância talvez insuspeitada por aqueles que não tenham presente o conceito de direito subjetivo e as conseqüências profundas que de tal categoria jurídica decorrem para o sistema.

Enquanto os chamados direitos "transindividuais", ou "direitos sociais" transcendem os limites do *paradigma* clássico, que tem nos direitos subjetivos individuais seu ponto de apoio, aqueles a que o CDC denomina "individuais homogêneos" em nada diferem da categoria clássica dos direitos subjetivos, enquanto individuais.

5. Não se trata de nenhuma novidade afirmar que essa categoria jurídica, indicada como "direito subjetivo", é uma formação moderna, nascida, como mostra um eminente filósofo francês, das vertentes medievais devidas às filosofias voluntaristas de alguns teólogos do século XIII (Michel Villey, *La formation de la pensée judirique moderne*, Les Édictions Montchertien, 1975, Paris, Cap. V, p. 240 e segs.).

Ao indicarmos a origem dessa categoria fundamental para o pensamento jurídico moderno, não estamos, naturalmente, a expor, ou a pretender respostas para a consulta a partir de alguma posição filosófica. Fazemo-lo apenas com a intenção de revelar o elemento que tem acompanhado a noção de direito subjetivo desde suas raízes medievais. Queremos referir-nos ao componente voluntarista que o impregna, como essência de seu núcleo conceitual.

Se consultarmos os grandes mestres do pensamento jurídico moderno, veremos que – ao contrário das concepções clássicas herdadas do direito romano – o conceito de direito subjetivo formou-se a partir da idéia de uma vantagem individual, ou uma prerrogativa conferida por lei a um determinado sujeito capaz de torná-lo, de alguma forma, senhor da vontade de um outro sujeito.

Este vínculo entre sujeitos de direito, por meio do qual alguém está autorizado a exigir de outrem uma determinada conduta, caracteriza-se pala célebre relação jurídica, cuja modernidade ninguém estaria disposto a negar.

6. A leitura da obra fundamental de Savigny é instrutiva a este respeito. Escreve este gigante do pensamento jurídico moderno: "O direito, considerado na vida real, abraçando e penetrando por todos os lados o nosso ser, aparece-nos como um poder do indivíduo. Nos limites deste poder, reina a vontade do indivíduo, e reina com o consentimento de todos. A tal poder ou faculdade, nós o chamamos direito, e muitos o denominam direito em sentido subjetivo" (*Sistema de direito romano atual*, 2ª edição da tradução espanhola, 1º vol., Cap., II, § 4º).

Se tivéssemos tempo e interesse em percorrer a doutrina formada, a partir da chamada pandetística germânica do século XIX, veríamos que esse "conflito de vontades", o império de uma vontade humana sobre outra, acompanha a noção de direito subjetivo em todo o seu percurso histórico, às vezes revelando-se claramente, mas em geral mantendo-se oculta, para deixar à mostra apenas suas decorrências lógicas e sistemáticas.

O exame do pensamento de outro mestre da ciência jurídica moderna poderá revelar o que se oculta sob o conceito de direito subjetivo. Referimo-nos a Bernhard Windscheid,, considerado o maior representante da pandetística alemã do século XIX; e à lição que ele ministra, ao expor o conceito de ação real (*actio in rem*), indicada como uma ação com sujeito passivo indeterminado, oposta às ações pessoais em que o "adversário" é perfeitamente determinado. Escreve Windscheid, em sua obra magna: "Mas uma *actio* (leia-se pretensão) pode denominar-se impessoal (objetiva), principalmente por referir-se a alguma coisa não pessoal do *adversário* (grifamos a palavra 'adversário'), mas ainda porque não se liga a uma determinada pessoa. Tanto um quanto o outro desses caracteres coincidem nas *actiones* reais, tanto na *actio* quanto no direito hereditário, cujas *actiones* portanto são *in rem* neste duplo sentido; mantém-se porém apenas o segundo elemento nas *actiones* que nascem das obrigações com adversário indeterminado (originais sem os itálicos), nas chamadas *actiones in rem scriptae*" (Lehrbuch der Pandekten, trad. italiana de 1930 [tradutores Fadda-Bensa] , vol. I, § 45).

Para Windscheid, a relação jurídica estabelece-se entre "adversários", de um lado o titular do direito subjetivo, cujo interesse deve ser satisfeito à custa do titular do dever jurídico, seu "adversário".

7. O direito subjetivo, não se pode negá-lo, expressa-se por meio de um conflito. A idéia de conflito é-lhe imanente. Um dos grandes civilistas italianos, procurando conceituar direito subjetivo, escreve: "Ao direito subjetivo nem sempre corresponde uma obrigação... Na realidade, o conteúdo do direito subjetivo pode ser constituído, antes de mais nada, por uma supremacia da vontade do titular, graças à qual ele próprio pode, por si só, realizar o seu interesse. A esta supremacia que pode chamar-se *potestas*, corresponde, do outro lado da relação, não uma obrigação, mas uma simples sujeição, pois o sujeito é realmente passivo, sofre as conseqüências da "potestas". Só quando o conteúdo do direito subjetivo é uma pretensão é que lhe corresponde uma obrigação: o sujeito passivo está obrigado a um certo comportamento, graças ao qual o outro sujeito realiza o seu interesse" (F. Santoro Passarelli, *Teoria geral do direito*, trad. portuguesa, Coimbra, 1967, p. 50).

8. Seja em virtude de o Direito Romano caracterizar-se, como é costume dizer, como um direito de ações (melhor diríamos de pretensões) e não, como se imagina que o seja o direito moderno, um sistema de direitos; seja em razão da perspectiva judicial em que nos acostumamos a pensá-lo, a verdade é que seu caráter contencioso penetra, qual princípio imanente, na idéia moderna de direito subjetivo, a ponto de um ilustre jurista francês advertir-nos de que os romanos nunca conceberam o Direito senão sob seu aspecto contencioso, o que significa dizer, de conflito: "Sans doute le droit romain a très tôt dépassé le point de vue purement pénal des droits primitifs, mais il n´envisage guère encore le droit que sous l´aspect contenrieux" (Paul Roubier, *Droits subjectifs et situations juridiques*, Dalloz, Paris, 1963, p. 7).

Não se deve ignorar, sem dúvida, como mostra o próprio Roubier, que essa visão contenciosa do fenômeno jurídico foi, em muitos aspectos, superada pelas concepções modernas do Direito (ob. cit., p. 135), mas isso não afasta a extraordinária influência que a idéia de conflito, ainda remanesce como pressuposto imanente ao conceito de "direito subjetivo".

9. Mesmo Jhering que retira do conceito de direito subjetivo o elemento volitivo, para considerar os direitos como "interesses juridicamente protegidos" não foge ao pressuposto de que proteção que a ordem jurídica outorga a um determinado interesse deva ser

obtida com o sacrifício de um interesse do "adversário" (*L´Esprit du droit romain*, trad. francesa, 1888, IV vol. § 7 D).

A idéia de *conflito* de vontades é de tal modo inerente ao conceito de direito subjetivo que a doutrina moderna, até mesmo o mais tradicional e relevante de todos eles, que é o direito de propriedade, somente sobrevive se houver alguém que hipoteticamente possa opor-se ao titular do domínio, negando-o ou pretendendo usurpá-lo. O titular do domínio em estado de absoluta solidão deixará de ser proprietário, por lhe faltar alguém cuja vontade lhe fique submissa. É que, para a doutrina moderna, mesmos nos direitos absolutos, como os direitos reais, a relação de seu titular com a coisa "implique un certein rapport avec le sujet passif universel" (Octavian Ionescu, *La notion de droit subjetif dans le droit privé*, 2ª edição, 1978, Bruxelas, p. 202).

10. No campo do direito processual, essa polaridade de interesses contrapostos sustenta a distinção entre a jurisdição contenciosa e a chamada jurisdição voluntária. A primeira destinada a dar solução legal aos conflitos jurídicos porventura havidos entre sujeitos de direito.

O que, para a doutrina, caracteriza a jurisdicionalidade de um determinado provimento judicial, ou do procedimento de que ele promane, é justamente a presença neles de um "conflito de interesses" (pense-se em Carnelutti e no seu conceito de lide) enquanto a jurisdição voluntária deixaria de ser verdadeira jurisdição porque nela não "há duas partes" em posição de antagonismo.

A clássica lição de Chiovenda é esclarecedora a este respeito: "A jurisdição civil supõe, por conseguinte, numa das partes, a expectativa de um bem em face da outra; seja esse bem uma prestação, seja um efeito jurídico, seja mera declaração, seja um ato conservativo ou um ato executivo. Não há tal na jurisdição voluntária: não há aqui duas partes; não há um bem garantido contra outros, uma norma de lei por atuar contra um outro, mas um estado jurídico, impossível, sem a intervenção do Estado, de nascer ou desenvolver-se ou só possível de se desenvolver imperfeitamente" (*Instituições de direito processual civil*, 2ª ed. da trad. bras. 1965, vol. 2, p. 19).

Na jurisdição voluntária, como disse um jurista recente, o juiz não tem por missão solucionar controvérsias relativas a direitos ou *status* violados, ou simplesmente contestados (Andrea Proto Pisani, *Lezioni di diritto processuale civile*, 2ª ed., 1996, p. 54).

11. A lição de J. Frederico Marques, registrada em sua obra clássica sobre jurisdição voluntária, pode auxiliar-nos na busca de um conceito de direito subjetivo e na maneira como a ordem jurídica o concebe e o protege. Escreve o saudoso processualista: "A jurisdição pode ser definida como a função estatal de aplicar as normas da ordem jurídica em relação a uma pretensão. Nisto reside a essência e substância do poder jurisdicional. Se alguém exige a subordinação de interesse alheio a interesse próprio, surgindo assim a pretensão, e invoca para isto a tutela estatal, é evidente que o órgão público destinado a examinar essa pretensão irá decidir o caso aplicando as normas que o regulam" (*Ensaio sobre a jurisdição voluntária*, 1959, § 3º, p. 53).

Na verdade, como observa Frederico Marques (ob. cit. p. 109), com a adesão de A. A. Lopes da Costa (*A administração pública e a ordem jurídica privada* [*Jurisdição voluntária*], Belo Horizonte, 1961, p. 67), a jurisdição voluntária tutela interesses, não direitos subjetivos precisamente porque, na jurisdição voluntária, não há partes com interesses contrapostos.

12. O Direito moderno está a tal ponto envolvido pela idéia de "conflito de vontades", ou "conflito de interesses" como a nota essencial do direito subjetivo, que um eminente jusfilósofo moderno adverte para a notória incapacidade em que se acham os juristas de conceber uma relação jurídica que, superando o individualismo que é próprio desse conceito, se estruture como uma relação comunitária formada por interesses solidários (Franz Wieacker, *Diritto privato e società industriale*. Tradução da edição alemã de 1974, Nápoles, 1983).

Como ele observa, no fundo o conflito que se dá é entre o *pathos* da concorrência capitalista e o natural repúdio que ele devota ao *pathos* da colaboração (p. 37). Escreve Wieacker: "Gli organi cooperativi, quali l´assemblea dei condomini e l´amministrazione, costituiscono una singolare contraddizione nel confronti di una forma esteriore rigorosamente privatistica, e il distacco di questa nuova figura del diritto privato classico si rivela pienamente nell'applicazione della giurisdizione volontaria in luogo della giurisdizione contenziosa" (p. 34).

13. A dificuldade denunciada por Wieacker no que diz respeito às relações condominiais e, de um modo geral, no que se refere aos atos denominados *interna corporis*, revela-se com intensidade ainda maior quando se está em presença de contratos essencialmente cooperativos, como o são os contratos das sociedades cooperativas e, como logo se verá, do próprio contrato de seguro.

Como nossa formação cultural sustenta-se no princípio de que toda relação jurídica é uma categoria através da qual um dos sujeitos, indicado como credor, tem o direito subjetivo de alcançar alguma vantagem à custa de um outro sujeito, denominado devedor, cria-se o impasse quando se quer explicar como uma relação solidária de cooperação entre os sujeitos integrantes de uma dada relação social, pode ser considerada uma autêntica relação jurídica.

14. No campo do cooperativismo, a situação é dramática em razão da dificuldade em que todos se encontram – mesmo aqueles que estão inseridos no próprio sistema – de assimilarem a natureza solidária (cooperativa) da relação jurídica que os envolve.

Com base em nossa experiência profissional, podemos testemunhar a ingente dificuldade que os associados das sociedades cooperativas, seus dirigentes, os estabelecimentos bancários e o próprio Governo têm de compreender a natureza do "ato cooperativo".

Nas cooperativas agrícolas de "venda em comum", com as quais convivemos por um longo período de nossa atividade profissional, ninguém, nem os associados e nem os dirigentes dessas entidades, nem igualmente os estabelecimentos de crédito que as financiam, imaginam que o ato (cooperativo) de "entrega" da produção que o associado faz à cooperativa para que a ela proceda à "venda em comum", não seja um contrato de compra e venda.

Em última análise, tanto os cooperativados quanto o agente financeiro, supõem que uma sociedade cooperativa, composta por cem associados, seja formada por cem contratos bilaterais, através dos quais cada sócio se vincula ao ente coletivo, sem conceber que a relação jurídica societária seja constituída por um contrato complexo, de natureza comunitária, formado por todos os cooperados.

Os responsáveis pelo sistema cooperativista nem mesmo tomam consciência da gravidade das conseqüências determinadas por esse modo de conceber o "negócio jurídico cooperativo", mas o reflexo dessa errônea compreensão torna-se desastroso quando uma relação comunitária qualquer, seja um negócio jurídico que envolva o "ato cooperativo" típico, seja um negócio jurídico previdenciário, são tratados pelo Poder Judiciário.

Referindo-se ao que ele denomina "direitos de cooperação", escreve Karl Larenz, visando a distingui-los dos verdadeiros "direitos subjetivos": "Na realidade, os direitos de cooperação se acham muito próximos dos direitos potestativos. Distinguem-se destes pelo fato de não serem direitos apenas no interesse próprio, mas 'direitos orgânicos', na medida em que possibilitam, não formação exclusiva de uma relação jurídica para o titular, porém sua cooperação para a formação de uma vontade coletiva. Eles estão sujeitos a limitações derivadas do dever de fidelidade do associado perante os demais, bem como perante a associação ou corporação. Devemos pôr em dúvida se esses direitos de participação ou direitos à colaboração se devem denominar em geral direitos subjetivos e não, mais apropriadamente, faculdades dependentes, vinculadas à condição de sócio de uma sociedade ou corporação" (*Teoria geral do direito civil alemão*, tradução espanhola, Edersa, 1978, p. 281).

Da lição de Larenz, pode-se perceber a estreita ligação existente entre "direito subjetivo" e a "relação jurídica" que se forma por meio de uma polaridade de interesses em conflito, ao mesmo tempo em que se revela a abismal distinção entre direitos subjetivos, uma criação moderna para o direito privado; e os direitos cooperativos, sobre os quais se formam os negócios jurídicos de natureza comunitária, como os seguros.

15. Com os sistemas de previdência social, verifica-se um fenômeno semelhante. Presos ao pressuposto de que o vínculo existente entre o sistema e cada associado configure uma relação jurídica bilateral, autônoma e independente, a regra é que também os magistrados acabem submetendo-se a essa equivocada compreensão do problema que as partes erradamente lhes submetem.

É freqüente – na verdade passou a ser uma das notícias rotineira, veiculadas pelos meios de comunicação de massa – que juízes e tribunais condenem – na verdade muitas vezes ordenem, sob pena de prisão – que a entidade de previdência social (pública ou privada) pague a seus associados, ou dependentes, valores que o "fundo financeiro", formado pelas contribuições sociais, absolutamente não suporta, com base no princípio *pacta sunt servanda*, sob o equivocado pressuposto de que se cuide, na espécie, de uma relação jurídica bilateral, de que haveria de decorrer, para o integrante do sistema de previdência, um direito subjetivo contra o "monte" formado pela poupança coletiva.

É intuitivo que tal solução haverá, com o tempo, de provocar a destruição do respectivo sistema de "economia coletiva", pois ninguém poderá ter verdadeiro direito subjetivo "contra o fundo", que representa a "economia coletiva do grupo", além daquilo que, pelas regras dos modernos e rigorosos cálculos atuariais, lhe possa caber na partilha dos resultados sociais. As vantagens e benefícios, enfim as contraprestações a que porventura tenha direito cada associado, haverá de manter rigorosa correspondência com o valor de sua poupança individual.

16. É claro que ao sistema de previdência social vigente no Brasil a regra não se aplicaria nessa esquemática simplicidade, uma vez que o "monte" previdenciário é formado pelas contribuições de três fontes de origem diferente – pelos empregados, empregadores e Estado –, sendo notórios os antigos e constantes desvios de recursos cometidos pela União, que sempre se utilizou da poupança dos trabalhadores para financiar seus projetos de governo, agravados pela conhecida inadimplência dos empregadores.

Mas a regra básica do sistema de seguro social, apesar de todos esses desvios, permanece válida, e o caso lamentável da próxima falência do sistema serve para demonstrar a verdadeira raiz da crise em que se encontra a previdência social no Brasil, crise estrategicamente sustentada, para que a retórica de sua privatização e entrega a uma empresa multinacional adquira aparente justificação.

17. O que ocorre com os contratos de previdência social acontece também com os contratos de seguro, cuja natureza é semelhante, tanto no seguro mútuo, quanto no contrato comum de seguro de tipo capitalista, tendo em vista o "sistema de gestão" a que eles se acham submetidos.

Essencialmente, no entanto, o contrato de seguro é um só, seja quando gerido pelos próprios associados, sob a forma de seguro mútuo, seja quando a gestão do monte formado pelas contribuições sociais seja administrado por uma empresa comercial. O "método de economia coletiva", como o denomina o Prof. Armando de Oliveira Assis, em seu precioso compêndio, será sempre o mesmo e idênticas a estrutura e função do negócio jurídico de seguro (*Compêndio de seguro social*, Edição da Fundação Getúlio Vargas, 1963, Cap. V).

18. É conveniente e instrutivo fazer a distinção entre o "método" de poupança individual contra os riscos a que todos estamos sujeitos, no curso da existência, e o "método de economia coletiva" que caracteriza o negócio jurídico de seguro, de tal modo que, através dessa singela diferença, se possa revelar, em toda a sua simplicidade, o que significa o contrato de seguro, seja quando a proteção tenha em vista o risco contra os eventuais danos patrimoniais, seja quando seguro se faça sobre a própria vida (autor e obra cits., p. 31).

Imaginemos que, em vez de contratar um seguro de responsabilidade tendo como objeto o automóvel que acabássemos de adquirir, houvermos decidido abrir uma conta bancária com o propósito de constituir um fundo destinado a cobrir os eventuais danos que pudéssemos vir a sofrer pelo uso do veículo, desde o furto até a responsabilidade perante terceiros.

Entretanto, se qualquer desses eventos ocorresse já no primeiro mês após a abertura da conta, a insuficiência do fundo para cobertura do sinistro seria absoluta. O cálculo de probabilidade poderia aconselhar que nossos depósitos fossem feitos em valores capazes de dar cobertura para os danos que, por hipótese, viessem a correr no tempo em que o veículo atingisse a metade de sua vida útil.

Este modo de proceder, no entanto, teria um óbvio inconveniente. Se o sinistro – o fato futuro e incerto contra o qual nos estávamos precavendo – somente viesse a ocorrer no último mês de vida útil do veículo, nossos depósitos teriam sido excessivos, obrigando-nos a uma economia desnecessária.

19. Para evitar essa insegurança, além das demais que costumam acontecer quando se projeta uma economia individual desta espécie, espontaneamente programada, especialmente o provável abandono do projeto – o que não é raro suceder –, é que se concebeu

esse "método de poupança coletiva", utilizando-se a velha técnica atuarial conhecida como a "Lei dos Grandes Números", devidas a Jacques Bernouilli, matemático suíço, nascido em 1654, que nos permite, com grande segurança, calcular o risco contra o qual se esteja a promover um sistema de poupança.

Se o poupador individual nunca poderá adivinhar se virá a ser vítima de um sinistro, saber por exemplo se o seu veículo será furtado, ou se ele se verá envolvido num acidente de que decorra o dever de indenizar, um sistema de poupança que reúna cem ou duzentos mil veículos, poderá determinar, com absoluto rigor matemático, quantos deles serão envolvidos em acidentes ou furtos.

Assim como ninguém poderá adivinhar quantas pessoas de uma pequena família contrairão casamento durante este ano, ou quantas crianças irão nascer num pequeno grupo familiar no mesmo período, é perfeitamente possível por meio de técnicas estatísticas, calcular quantas pessoas casarão, por exemplo, num dado período de tempo, numa grande cidade como São Paulo, ou quantas crianças nascerão em igual período, assim como se poderá prever, com a desejável segurança, quantos veículos serão furtados, ou quantos deles poderão envolver-se em acidentes de trânsito.

20. Ao mesmo tempo que o "grande número" de eventos análogos, reunidos como risco comum, coberto pelo sistema de poupança, permitir-nos-á obter critérios seguros para calcular o valor de cada depósito preventivo a ser feito na "conta comum", ainda reduzirá sensivelmente os encargos econômicos dos participantes, tornando possível adequar as contribuições segundo o risco contra o qual o sistema visa a proteger-se.

E mais, se o critério para estabelecer o valor da poupança individual será sempre aleatório, posto que não haverá ciência humana capaz de indicar o valor necessário e suficiente das parcelas a serem depositadas para a cobertura do "risco", na medida em que o sistema obtém a adesão de um "grande número" de participantes, a álea desaparece, tornando o sistema – que antes assemelhava-se a uma aposta – um negócio jurídico (coletivo) não mais aleatório, porém tecnicamente oneroso, em que as prestações dos poupadores e as contraprestações a cargo do "monte comum" tornam-se equivalentes.

Nessa técnica estatística singela e prosaica, reside o segredo do negócio jurídico de seguro. Os *riscos*, aqueles eventos danosos que nos podem afetar no futuro, absolutamente imprevisíveis quando os tratamos individualmente, ou em ocorrências de pequenas grandezas numéricas, tornam-se matematicamente previsíveis quando os podemos tratar como "grandes números" de ocorrências.

21. Existem, na experiência praticada ao longo de uma história que já se conta por vários séculos, duas modalidades de contrato de seguro, segundo a forma pela qual os poupadores decidem gerir do "monte" formado pela "poupança coletiva".

Tanto podem os poupadores, irmanados pelo objetivo comum, administrar a instituição coletiva sob forma de "autogestão", elegendo, dentre os próprios associados, aqueles que serão responsáveis por sua gestão – e terão constituído um sistema de "seguro mútuo" –; quanto poderão decidir-se pela contratação de um gestor, estranho ao sistema, a quem haverão de remunerar pela prestação desse serviço, permitindo-lhe que o explore como qualquer outro negócio mercantil.

Estas duas maneiras de gerir o "monte comum" ocorrem na instituição dos seguro ditos "privados" nos quais a facultatividade da respectiva adesão dos segurados foi a nota que historicamente os distinguiu dos denominados "seguros sociais", patrocinados pelo Poder Público, cujo ingresso no sistema, ao contrário, era obrigatório.

É verdade que esta distinção hoje vem perdendo sentido porquanto a lei tem tornado também obrigatórias muitas modalidades de seguros privados. Mas o fato não impede que a utilizemos para distinguir os seguros sociais dos privados e nem, muito menos, anula a diferença deles quanto ao sistema de gestão.

22. Entretanto, a natureza do contrato de seguro não se altera pelo fato de o sistema optar pela autogestão ou, ao contrário, preferir "terceirizar" – para usar um vocábulo da moda – a administração do "monte" formado pela "poupança coletiva", confiando a uma companhia mercantil a tarefa de geri-lo, assumindo este gestor o encargo de receber as contribuições e, no momento previsto, retirar do "monte comum" as prestações indenizatórias devidas aos segurados. O contrato de seguro, qualquer que seja sua forma de

gestão, conserva-se uma contrato plurilateral, posto que comunitário e oneroso.

É claro que ninguém cometeria o erro grosseiro de tratar o seguro mútuo e o contrato de seguro que se convenciona com uma companhia seguradora como se ambos se apresentassem com a mesma estrutura formal e ficassem submetidos à mesma disciplina legal. A inocultável diversidade que os caracteriza, no entanto, não chega a causar uma transformação significativa em seu tipo negocial básico.

Mesmo quando a lei e a própria doutrina incluem o seguro dentre os contratos tidos por aleatórios, é necessário ter presente que o grau de aleatoriedade que lhes é peculiar não chega a torná-lo diferente dos demais contratos, pois muitos negócios jurídicos deste tipo oferecem a uma, e às vezes a ambas as partes, uma pesada quota de risco e nem por isso haveremos de tê-los por aleatórios. Pense-se nos contratos parciários e em todos os contratos de índole societária.

Seria na verdade irrelevante para o conceito que a lei ou a doutrina pretendessem que o contrato de seguro fosse aleatório. Nem a lei e menos ainda doutrina poderiam transformá-lo num negócio jurídico deste tipo. Tentativa de tal gênero reproduziria um equívoco comum ao dogmatismo próprio de nossa formação, expresso na suposição de que o legislador, se o quisesse, poderia dispor livremente, amoldando os conceitos, sempre que seus interesses assim o exigissem. Supõe-se, como disse Hans Welzel (*Introducción a la filosofia del derecho*, trad. da edição alemã de 1962, 1974, Madrid, p. 256), que os conceitos sejam entidades "fabricadas" pelos homens e que, depois de "inventadas", sigam seus caprichos individuais, independentemente da estrutura "lógico-objetiva" do próprio conceito e sem que ele nasça inserido num contexto comunicativo (p. 257).

Essa "estrutura lógico-real" do conceito, como mostra Heinrich Henkel (*Introducción a la filosofia del derecho*, trad. da edição alemã de 1964, 1968, Madrid, p. 451), pertence à esfera das *leis ontológicas* que o condicionam. Ou o contrato será de seguro e, neste caso, por uma determinação ontológica, haverá de ser comutativo; ou, então, se o legislador "decretar" que ele se torne *aleatório*, o negócio jurídico de seguro desaparece, para dar lugar a outro contrato.

23. É importante ter presente, porém, que, mesmo os juristas que se mantêm fiéis à conceituação clássica do seguro como contrato aleatório, como é o caso de Pietro Trimarchi, mostram que a margem de álea, desde que se utilizem os modernos instrumentos de cálculo, desaparece, tornando-se matematicamente determináveis os índices de risco. Escreve o eminente civilista: "L'assicuratore stipula un gran numero di contratti e in tal modo accentra un gran numero di rischi. Si rende così applicabile un calcolo statistico che consente di prevedere con buona approssimazione quanto dovrà essere pagato ogni anno all'insieme degli assicurati" (*Istitizioni di diritto privato*, 4ª edição, Milão, 1979, p. 502).

A seguir, Trimarchi registra esta lição que nos auxiliará a melhor compreender o contrato de seguro: "Questa somma – aquela a que o jurista se referira no parágrafo antes citado –, unita alle spese di gestione e all'utile dell'impresa di assicurazione, viene ripartita fra gli assicurati sotto forma di premi di assicurazione"... "A questo punto occorre precisare che il contrato si presenta tecnicamente come aleatorio se si confrontano fra loro le prestazione in danaro dell'assicurato e dell'assicuratore. Ma il rapporto fra premi pagati dall'assicurato e il rischio assunto dall'assicuratore è commutativo" (p. 503).

Como diz, com inteira razão, Rosario Ippolito, ilustre magistrado italiano, em excelente ensaio sobre o assunto: "L'obbligazione dell'assicuratore si presenta in tal modo quale obbligazione unitaria ma complessa di un negozio perfetto ad effetti differiti, in cui l'obbligo di inserzione del premio nel fondo comune – con destinazione vincolata alla funzione indennitaria contrattuale – entra in vincolo sinallagmatico genetico con l'obbligazione del pagamento del premio" (*Il sinallagma nel contrato de assicurazione*, Rivista di diritto commerciale, 1983, p. 533).

Eis aí resumidas as condições básicas do contrato: a) "obrigação unitária" formada pela multidão dos contratos individuais; b) um negócio jurídico oneroso com "efeitos diferidos"; c) a constituição de um "fundo comum" formado pelos contribuições (prêmios) dos participantes.

Na verdade, a onerosidade desse contrato é que o distingue do jogo ou aposta. Sua inclusão dentre os negócios jurídicos aleatórios com os quais o contrato de seguro no passado foi confundido, deveu-se ao fato de visualizá-lo a doutrina apenas pelo ângulo de sua principal função institucional, qual seja, o dever de indenizar que grava o segurador, nos seguros denominados "a prêmio fixo", como se esta fosse a exclusiva função do seguro, supondo-se que o segurador fizesse de certo modo uma aposta, confiando em que o evento danoso não ocorresse.

É claro que o "monte" formado pelas contribuições dos participantes do sistema deverá prestar indenização equivalente ao prejuízo que cada segurado vier a sofrer, mas além dessa função, o contrato de seguro transfere para o "monte", ou para o responsável por sua "gestão", o dever de seguridade ou a prestação de incolumidade de que cada segurado individual passa a desfrutar. Isto explica, como lembra Pontes de Miranda (*Tratado de direito privado*, Tomo XLV, § 4.912, 3), que o segurado tenha interesse no seguro mesmo que o sinistro não se verifique, bem como mostra que, além do dever de ressarcir o prejuízo – cuida-se naturalmente de seguros contra danos – o segurador assume também o risco desde o momento da conclusão do contrato.

Esta é a razão que torna necessária a fixação, no contrato de seguro, do valor do bem segurado. Esta função que o contrato deve cumprir, a assunção do dever de incolumidade assumida pelo "monte", tem relação com o valor do bem a que se presta garantia. Como assevera Pontes de Miranda, "o segurador contrapresta segurando, assumindo a álea", de modo que, "no momento da conclusão do contrato de seguro, o segurador contrapresta" (ob. e loc. cits.).

O segurador começa a cumprir o contrato no momento em que o negócio jurídico é concluído. E o *dever de incolumidade* que o segurador assume, no seguro de dano, tem relação direta com o valor do bem segurado. Esta grandeza, porém, representa o limite máximo que a indenização poderá atingir, no caso de ocorrer o sinistro.

24. A dificuldade em que se encontra a doutrina de ver, no contrato de seguro, a comutatividade que o caracteriza deve-se à submissão dos juristas modernos ao conceito do direito como relação jurídica bilateral. A doutrina visualiza este contrato tendo-o, como os demais, como uma categoria formada bilateralmente entre cada segurado individual e o segurador, sem considerar que o contrato de seguro é, essencialmente, como o demonstra Ippolito, o contrato

unitário e complexo, que se forma entre o "monte comum" e a comunidade social que o constitui.

Se o contrato se formasse entre um segurado apenas e o segurador, ele deixaria de constituir um contrato de seguro para tornar-se uma aposta, já que, neste caso, a álea nunca poderia ser evitada.

Calmon de Passos, em lição referida pela consulente, mostra a natureza do "monte de poupança coletiva" e destaca igualmente o caráter comutativo do contrato de seguro, de maneira exemplar, ao escrever: "A doutrina contemporânea já precisou a natureza peculiar do contrato de seguro. É ele um contrato comutativo, em verdade um negócio jurídico coletivo, integrado pelos muitos atos individuais que aportam para o fundo comum os recursos tecnicamente exigidos para segurança de todos em relação às incertezas do futuro. A massa comum dos recursos financeiros a ninguém pertence, em termos de propriedade individual, sendo algo em aberto e permanentemente disponível para atender às necessidades que surjam e para cuja satisfação foi constituída" (*A atividade securitária e sua fronteira com os interesses transindividuais*, Rev. dos Trib., vol. 763/98).

Como se vê, se tivermos em conta apenas a posição de cada segurado, na relação por ele estabelecida com o "monte", o caráter aleatório desse vínculo jurídico não poderá ser negado. O segurado poderá ter pago os prêmios por todo o tempo de vigência do contrato sem que o risco coberto pelo seguro se concretize.

Nesse caso, parecerá que o pagamento dos prêmios represente uma prestação excessivamente onerosa para o segurado ou, quem sabe, um enriquecimento ilícito do segurador. Se, porém, o sinistro ocorrer, a desproporção inversa indicará que o "monte comum" estará a suportar gravame excessivo, obrigado a pagar uma indenização extraordinariamente superior ao valor representado pelos prêmios pagos pelo segurado a quem o "monte" haverá de indenizar. Tendo-o porém como um contrato unitário, formado pela totalidade dos contratos individuais, como um "negócio jurídico coletivo", como disse Calmon de Passos, sua comutatividade torna-se inegável, ressaltando a mutualidade que forma a essência desse negócio jurídico.

25. Na verdade, nos primórdios do contrato de seguro, a álea fora realmente um componente que o integrava de modo destacado.

Hoje, contudo, essa álea é perfeitamente previsível, de modo que aquilo que antes se apresentava como essencialmente aleatório, hoje tornou-se um negócio jurídico que se pode ter, sem ofensa aos princípios, como um o contrato oneroso.

O segurador, a quem for atribuído o encargo de gerir o "monte" formado pela poupança coletiva, como se disse antes, não se torna obrigado apenas a indenizar, mas a cobrir, durante o tempo de vigência do contrato, o risco que cada segurado lhe transfere (Pontes de Miranda, *Tratado de direito privado*, tomo XLV, § 4.912). A doutrina moderna não tem mais dúvida sobre a natureza não-aleatória do contrato de seguro. Esta lição de Trimarchi pode auxiliar na exposição, referindo-se à condição do segurado, ao firmar o contrato de seguro, escreve ele: "Assicurandosi egli compie un atto di previdenza, perchè sostituisce l´onere certo, ma tolerabile, del pagamento dei premi, all´onere incerto, ma eventualmente disastroso, che deriverebbe della realizzazione del rischio" (ob. cit., p. 502).

Referindo-se a esta função do seguro, escreve Pedro Alvim: "De outra parte, a satisfação deste desejo de segurança não pode ser preenchida senão pelo recurso a outros patrimônios. É o segundo elemento fundamental da noção de seguro. Sozinho, o homem pode economizar, jamais economizará o suficiente: a necessidade de segurança total não pode ser satisfeita completamente, senão quando recorre à ajuda de outros. É pela cobertura recíproca de todos os seus membros que uma coletividade pode garantir-se contra o futuro, aceitando que todos participarem em comum da boa e da má fortuna. Com efeito, o seguro é uma solução coletiva para distribuir entre muitos os efeitos econômicos de eventos danosos que, de um modo geral, atingem isoladamente cada membro da coletividade" (*Responsabilidade civil e seguro obrigatório*, RT, 1972, p. 53).

Eis aí delineada a natureza unitária do contrato de seguro, assim como seu sentido comunitário. Os contratos individuais, por meio dos quais os segurados aderem ao sistema, funcionam como uma espécie de "contratos-meio", como elementos formadores do contrato de seguro. Este não poderá existir sem os contratos individuais que o formam; e nem essas relações jurídicas individuais formarão um contrato de seguro se não se constituir, pela reunião de uma infinidade de instrumentos deste tipo, o "contrato-fim".

Certamente os contratos individuais não são apenas negócios instrumentais, como se fossem componentes de um único contrato complexo e servissem para formar o contrato unitário de seguro. Não se trata disso. O que se pretende significar é que o contrato individual constituirá um negócio jurídico de seguro se o segurador contratar uma infinidade de contratos análogos.

A distinção entre este tipo e um contrato qualquer de natureza bilateral, além de manifesta, é relevante. Uma compra e venda existirá independentemente de haver, pelo lado de quem vende ou de quem compra, milhares de contratos idênticos, mesmo que o vendedor, por exemplo, seja um comerciante que esteja a vender o produto de seu comércio habitual. Um contrato de seguro, ao contrário, não poderá prescindir do "grande número" de negócios jurídicos da mesma natureza, firmados pelo segurador.

26. Vimos, também, que o contrato de seguro contra danos, a que se aplica o disposto no art. 1.432 combinado com o art. 1.437 do Código Civil, destina-se a garantir ao segurado uma prestação que o indenize do prejuízo que a ocorrência do sinistro lhes haja acarretado.

É importante que se faça a distinção entre os vários tipos de seguro, uma vez que há entre eles algumas características diferenciais significativas. O seguro de vida, por exemplo, tem peculiaridades que não se encontram no seguro contra dano. Para estes, é aplicável esta lição de Pontes: "No seguro contra dano, o segurador vincula-se a ressarcir o dano causado pelo evento previsto como possível... O que o segurador presta não pode exceder o dano sofrido pelo beneficiário, seja o contraente seja outrem" (ob. cit., Tomo XLV, § 4925, 1).

Se um determinado sistema de seguro, utilizando os modernos métodos atuariais, calcular o respectivo prêmio para cobertura do risco, levando em conta, como no caso da consulta, o valor do *prejuízo efetivo* causado ao segurado, qualquer acréscimo no valor do ressarcimento, porventura concedido àqueles que sejam vítimas do sinistro, deverá ser suportado pela coletividade que forma o sistema de "poupança coletiva".

Visualizado sob esse ângulo, mostra-se questionável a correção da ação promovida contra a consulente, sob a forma de demanda coletiva, supostamente ajuizada em nome de todos os segurados.

É que, devendo a comunidade responder pela indenização máxima a ser paga apenas aos segurados vítimas dos sinistros previstos no contrato, cabe indagar se a verdadeira *ação coletiva* não seria aquela que viesse a ser proposta pelos demais segurados contra os beneficiários que houvessem obtido as indenizações em razão da procedência desta ação.

Em última análise, a manutenção do equilíbrio financeiro do "monte", de modo que se evite a erosão da "poupança coletiva", obrigará a que os demais suportem esse novo gravame, através do estabelecimento de prêmios recalculados em face dos novos encargos.

27. Nas "notas explicativas" por ele elaboradas ao substitutivo do Projeto de Código Civil, o professor Fábio Comparato, procurando estabelecer a distinção entre os seguros de danos e os seguros de pessoas, no que respeita à natureza da indenização devida em cada uma dessas espécies de seguro, escreve o seguinte: "O Projeto de Código das Obrigações de 1965, no capítulo referente ao contrato de seguro, adotou a mesma disposição sistemática do atual Código Civil. A 'Exposição de Motivos' justificou o fato invocando a chamada teoria unitária do contrato de seguro. A justificação, porém, não convence. Como reconheceu o próprio Ascarelli, chefe de fila dos modernos unitaristas (cf. O conceito unitário do contrato de seguro", in *Problemas das sociedades anônimas em direito comparado*, 2ª ed., São Paulo 1969), há uma diferença de natureza entre a indenização devida nos seguros de dano ou de bens, e aquela estipulada nos seguros pessoais (seguro de vida e seguro de acidentes pessoais). No primeiro caso, ela é estritamente correspondente ao montante do dano sofrido pelo segurado, enquanto nos seguros de pessoas se relaciona com um prejuízo abstrato, livremente fixado pelo segurado e aceito pelo segurador. Entre seguros de dano e seguros de pessoas, a distinção normativa se impõe, pois somente os primeiros estão sujeitos ao princípio indenitário, segundo o qual a indenização jamais ultrapasse o "monte do dano sofrido pelo segurado". Daí a proibição, apenas nesses seguros, do sobre-seguro e dos seguros múltiplos (*Revista de direito mercantil*, Ed. Rev. dos Tribs., 1972, nº 5, p. 146/147).

Esta é a razão pela qual a lei, nesta modalidade de seguro, determina que a indenização jamais ultrapasse o "montante do dano sofrido pelo segurado".

O substitutivo apresentado pelo Prof. Comparato, ao Anteprojeto de Código Civil, separava, nos seguros de danos, o valor máximo do interesse segurado daquele relativo à indenização devida pelo segurador, regulando-os em dispositivos diferentes, deste modo:

"Art. XVIII – Nos seguros de dano, a garantia prometida não pode ultrapassar o valor do interesse segurado no momento do contrato, sob pena do disposto no art. VII (perda do direito à garantia), sem prejuízo da ação penal que no caso couber.
Art. XX – A indenização não pode ultrapassar o valor do interesse segurado no momento do sinistro, e, em hipótese alguma, o limite máximo da garantia fixada da apólice, salvo em caso de mora do segurador".

Como se vê, o valor do interesse segurado é fixado "*no momento do contrato*", já o valor da indenização não pode ultrapassar o valor do interesse segurado "*no momento do sinistro*".

28. Em última análise, a manutenção do equilíbrio financeiro do "monte", de modo que se evite a erosão da "poupança coletiva", obrigará a que os demais suportem esse gravame, através do estabelecimento de prêmios recalculados em face dos novos encargos.

A natureza especial do contrato de seguro é que impõe que o Poder Público o discipline minuciosamente, mantendo sobre as companhias autorizadas a explorá-los rigorosa fiscalização, visando à proteção do grupo social que compõe a comunidade segurada.

29. Em sua contestação, a consulente menciona um acórdão da 5ª Câmara Cível do Tribunal de Justiça do Rio Grande do Sul, em que se afirma que a companhia seguradora, ao indenizar o segurado pelo "valor médio de mercado" do bem sinistrado, estaria cometendo um "locupletamento ilícito", uma vez que, tendo recebido o prêmio "calculado sobre um valor preestabelecido" paga a indenização "por outro valor".

O equívoco é evidente. O prêmio, em qualquer sistema de seguro, será sempre calculado pelo valor a ser prestado como indenização, tendo em vista as grandezas atuariais que definem o risco segurado. Não se calcula o prêmio pelo valor constante da respectiva apólice de seguro, porque este seria um critério absolutamente impróprio, que não guarda a menor relação com o contrato. O contrato tem caráter essencialmente indenizatório. O "monte comum" é formado para que os segurados, vítimas dos sinistros, recebam o valor de prejuízo efetivo.

No fundo, o critério sugerido pelo acórdão e sustentado pela autora desta demanda ofende frontalmente o disposto no art. 1.432 do Código Civil, que é expresso ao estabelecer a obrigação do segurador de indenizar o "prejuízo resultante de riscos futuros previstos no contrato". Tudo o que o segurado viesse a receber além do que efetivamente perdera, seria, isto sim, enriquecimento indevido.

30. Pelo que se viu, a demanda a que responde a consulente foi concebida contra o monte comum, e não propriamente contra ela, em virtude de uma suposta ilegalidade ou um pretenso inadimplemento contratual. O que a autora busca com a ação implica o direto e imediato agravamento dos encargos a serem suportados pelo "monte" formado pelo comunidade segurada. A seguradora assume, na ação, uma posição análoga àquela a que respondem os substitutos processuais. Caso venha a ser procedente a ação, de duas uma: ou o "sistema de poupança coletiva" irá deteriorar-se, ou então terão de ser refeitos os prêmios, como uma exigência absoluta para a manutenção do equilíbrio atuarial.

31. A análise anterior permite-nos responder ao primeiro quesito (a) formulado pela consulente, dizendo que o "fundo financeiro" constituído pelas contribuições dos segurados corresponde a uma forma de propriedade coletiva, do qual haverão de sair as indenizações devidas pelo sistema a cada segurado, por ocasião da ocorrência dos sinistros cobertos pelo seguro.

O segundo quesito (b) deve ser respondido afirmando-se que a pretensão objeto da demanda a que responde a consulente não configura a categoria dos "direitos individuais homogêneos".

A procedência da ação representará um encargo contra a massa dos demais segurados, dada a natureza comunitária do contrato de seguro, sendo a pretensão articulada pela autora incompatível com a idéia de "direito individual homogêneo".

O resultado buscado pela autora somente seria imaginável se pudéssemos conceber um direito "individual" dos segurados com direito à indenização *contra os demais* segurados" obrigados a suportar o gravame que se irá acrescer ao "monte" a todos pertencentes.

A natureza comunitária da relação jurídica a que os segurados se vinculam não admite que se conceba um direito subjetivo individual, ainda que "homogêneo", de um contra os outros. Na relação entre eles, não há o conflito de interesses que caracteriza o *direito subjetivo*. Todos acham-se irmanados pelo interesse comum.

A *mutualidade* é da essência do contrato de seguro, seja ele gerido pelos próprios segurados, seja através de uma companhia mercantil. A forma de gestão do "sistema de economia coletiva" não interfere e muito menos modifica a natureza do contrato de seguro.

Os participantes de um contrato de natureza comunitária como o de seguro – seja ele mútuo ou a prêmio fixo – não são titulares de "direitos individuais homogêneos" contra o "fundo financeiro" comum, pela óbvia razão de não serem titulares de *direitos subjetivos*. A aparente oposição de interesses entre cada segurado e o segurador, visível quando se tenha presente cada relação individual, resolve-se em conflito entre o respectivo segurado e o "monte financeiro" por todos constituídos.

Sendo assim, falta à autora da demanda uma das chamadas "condições da ação", qual seja, a *legitimatio ad causam* (quesito c), pois a pretensão que lhe poderia caber, com amparo no Código de Defesa dos Consumidores, teria como fundamento o grupo de direitos "individuais" homogêneos (art. 81, III), ausente no contrato de seguro.

Segundo nosso entendimento, a ausência de uma "condição da ação" determina a improcedência da ação, com todas as conseqüências decorrentes de um julgamento negativo de mérito. Em resumo, nossa resposta é a seguinte:

a) O "fundo financeiro" formado pelas contribuições dos segurados constitui uma espécie de propriedade coletiva, de que nem o segurados individualmente, nem o segurador podem dispor livremente, como se ele lhes pertencesse com exclusividade.

b) O direito de que todos os segurados são titulares sobre o "fundo financeiro" não corresponde a um "direito individual homogêneo", por não caracterizar um direito subjetivo típico, portanto a autora não tem a ação coletiva que ajuizou contra a consulente, por faltar-lhe legitimidade para a causa.

Porto Alegre, 27 de junho de 2000.

4. Ação direta da vítima contra o segurador

1. As *ações de regresso* e suas respectivas estruturas procedimentais têm gerado problemas práticos significativos, quando se pretende dar solução às questões relativas às indenizações decorrentes do seguro de responsabilidade civil.

A começar pela inclusão das chamadas ações de regresso que não dizem respeito à indenização devida pela evicção, no mesmo dispositivo que trata da "garantia própria". As dificuldades foram agravadas, em parte, pela opção do legislador ao reunir, no art. 70 do estatuto processual, as ações derivadas da responsabilidade pela evicção e aquelas originadas da chamada "garantia simples", ou imprópria.

2. A interpretação dessa norma exige, portanto, que se separem as hipóteses de "garantia formal", relativas de evicção, contempladas pelos incisos I e II do art. 70, daquela que se refere à garantia simples ou imprópria, de que trata seu inc. III.

A distinção impõe-se tanto por sua origem, que deita raízes no instituto da *auctoritas* que nos vem do Direito Romano, de onde nascem as ações do evicto.

É conhecida de quantos se têm dedicado ao estudo da denunciação da lide, disciplinada pelo Código de 1973, que os legisladores brasileiros, tanto do estatuto de 1939, quanto do atual, cometeram equívocos, primeiro ao disciplinar, no Código anterior, uma simples "denunciação da lide" denominando-a "chamamento à autoria"; e, agora, no Código de 1973, cometendo o equívoco inverso, ao qualificar um autêntico "chamamento à autoria" como se fosse uma denunciação da lide.

3. No "chamamento à autoria", o terceiro, ao invés de ser apenas *comunicado* da existência do litígio, é chamado a comparecer ao processo para defender o denunciante, tal como se faz em nosso Código atual. Já na verdadeira "denúncia da lide" ao terceiro apenas dar-se-á ciência da existência da demanda, mas ele não é "chamado" ao processo.

A ação de regresso formará uma demanda independente e posterior. A diversidade entre as duas formas de tratamento processual explica-se pela distinta natureza do dever do terceiro.

4. É clara também a diferença entre "garantia própria", ou formal – relativa à evicção –, e as espécies de garantias ditas simples ou impróprias. Na garantia formal, seja quando se lhe trate através de uma simples *denunciação da lide,* seja quando se lhe atribua o sentido de um *chamamento à autoria,* o dever principal do alienante, expressão da *auctoritas* (daí o vocábulo *autoria*) que a qualifica, é prestar ao adquirente a garantia a que se obrigara o alienante, dando-lhe assistência processual na defesa do direito que este lhe transmitira. O dever principal do alienante não é indenizar o adquirente, mas defendê-lo no processo judicial para demonstrar a legitimidade do direito de que ele, alienante, fora o *autor*.[2]

5. Já na "garantia imprópria" do inc. III do art. 70, não há uma típica relação entre adquirente, que faz chamamento à autoria e o respectivo alienante. Nada tem a ver com o instituto da *auctoritas* que, dentre as incontáveis acepções empregadas pelos juristas romanos,[3] destaca-se o sentido de *honrar, proteger* o direito, reforçar essa proteção, pelo auxílio dado, no processo, ao adquirente.

Aos juristas modernos, é difícil imaginar a importância do instituto da *auctoritas* para o direito romano, mas é fácil compreender as dificuldades em que certamente se encontravam os adquirentes para provar a legitimidade de seus títulos de propriedade, num or-

---

[2] P. Calamandrei, *La chiamata in garanzia,* Opere Giuridiche, vol. V, p. 11.

[3] Francisco Javier Casinos Mora, *La noción de* auctoritas *y la responsabilidad por* auctoritas, Editorial Comares, Granada, p. 16 e ss. (adverte Casinos Mora que essa polissemia do conceito de *auctoritas* ampliou-se, dada a complexidades próprias das relações jurídicas modernas (p. 178).

denamento jurídico que não dispunha nem mesmo de um sistema de documentação escrita desenvolvido, quanto mais de um sistema de registro, através do qual o proprietário de bens imóveis e até de bens móveis de valor pudesse contar com prova documental, certificando a origem de sua propriedade.

É dessa circunstância histórica que provém o *dever de garantia* que onera o alienante. A presença do alienante no processo era o mais legítimo e autorizado meio de prova de que poderia lançar mão o adquirente, para demonstrar a legitimidade de seu direito.

Já, em grande número das hipóteses de "garantia imprópria", embora também se vislumbre o dever de prestar auxílio, seu centro de interesse gira em torno do dever de indenizar, que onera o terceiro denunciado.

6. A distinção entre as duas espécies de ações de regresso permite levantar os problemas enfrentados pela vítima que procura, através do processo, obter ressarcimento dos danos causados pelo sinistro. Como sabemos, a intenção do legislador fora obrigá-la a pedir indenização diretamente ao causador do dano, não contra a companhia seguradora. Esta compreensão do contrato de seguro parte do pressuposto de que a obrigação principal do segurador seja prestar indenização ao segurado.

Esta idéia, como dizem Ernesto Tzirulnik, Flávio Cavalcanti e Ayrton Pimentel,[4] expressa o "princípio indenizatório", tido, na concepção clássica, como o interesse primordial do segurado.

Entretanto, segundo esta compreensão do contrato, o segurado, no seguro contra o dano, primeiro deverá indenizar a vítima, suportando as conseqüências do sinistro, para depois pedir ao segurador o ressarcimento correspondente.

Este modo de conceituar o contrato é uma das tantas expressões de nosso *paradigma*, que não se concilia com as formas preventiva de tutela, seja no direito processual, seja no direito material. Para o *racionalismo* imanente a nossa formação jurídica, o direito subjetivo nasce para ser violado, cabendo ao processo dar-lhe – depois da violação – alguma forma de tutela que o repare, que o reintegre, que

---

[4] *O contrato de seguro*, Editora Revista dos Tribunais, 2ª edição, p. 35.

o restaure. Basta recordar o conceito de ação material que, desde Savigny, nos acompanha.

7. Devemos, portanto, descobrir se, mesmo perante as disposições do art. 70 do CPC, teríamos como legitimar a chamada "ação direta" da vítima contra o segurador.

Entendemos que isto poderá tornar-se possível, a partir de três ordens de consideração que podem sustentá-lo: 1°) as profundas transformações ocorridas no conceito de responsabilidade por indenização; 2°) a natureza do seguro de dano e sua nova disciplina legal; 3°) finalmente, a leitura que temos de fazer do preceito da lei processual, a partir da vigência do novo Código Civil.

Certamente, à jurisprudência caberá o indispensável labor hermenêutico, capaz de quebrar a rigidez do texto legal que pressupõe que a vítima acione o segurado para que este, sofrendo as conseqüências do sinistro, possa recompor o patrimônio, voltando-se contra o segurador.

Deve-se, porém, ter presente que o direito francês, por exemplo, que faz largo emprego da *ação direta*, chegou a este resultado, inicialmente, através de uma construção jurisprudencial, seguida depois pela recepção legislativa.[5]

A nosso ver, mesmo ante nosso direito, será possível legitimar algum tipo de ação, a ser exercida pela vítima contra o segurador, de modo que o direito brasileiro acompanhe uma tendência já consagrada por inúmeros países que, em disposições expressas de lei, outorgam à vítima do sinistro a chamada "ação direta" da vítima contra o segurador.

8. Tratemos, inicialmente, do fundamento do dever de indenizar, para mostrar a *historicidade* dos conceitos jurídicos e as conseqüentes transformações experimentadas pelo conceito de indenização, ao longo dos séculos que nos ligam ao antigo direito.

François Ewald, valendo-se de uma observação de Jhering, para quem a "história da pena é sua abolição constante", afirma que

---

[5] Maurice Cozian, *L'action directe*, Librairie Générale de Droit et de Jurisprudence, Paris, 1969.

a história da responsabilidade (civil) é, igualmente, a história de sua abolição constante.[6]

Com efeito, desde as severas penas corporais, passando pela responsabilidade fundada na culpa, depois pelo pressuposto do risco, para alcançar responsabilidade objetiva –, nas peculiares condições das sociedades modernas, não apenas dispensa-se qualquer fundamento que possa determinar a responsabilidade do causador do dano, para, desinteressando-se da pessoa ou entidade responsável pelo fato danoso, preocupar-se tão-somente em indenizar a vítima, tida como uma "vítima social", uma vítima da própria sociedade ou, se quisermos, uma vítima do progresso.

Na "sociedade do risco", como a denominou um conhecido sociólogo alemão,[7] em que se transformou a sociedade industrial, em seus estágios derradeiros, ninguém mais se preocupa com as causas porventura determinantes dos eventos danosos. Os danos provêm do progresso. O desenvolvimento produz enfermidades. Vejam-se os verdadeiros desastres econômicos causado pelas epidemias da "vaca-louca", da "pneumonia asiática" ou "gripe do franco". Foi a neurose da produtividade econômica que as produziram, mas o Estado não pretende e nem tem interesse em deter-se a investigar as suas causas. Cuida-se de reparar os danos provocados pelo desenvolvimento, tido como progresso.

A modernização como causa, o dano com seu efeito secundário.[8] Às denominadas "forças produtivas", impende, quando isto seja possível, lucrar com eles. Nesse novo contexto sociológico e político, perde sentido a busca dos responsáveis pelos danos.

Daí, não apenas a extraordinária importância da instituição do seguro, como sua adequação conceitual aos novos tempos, de modo a priorizar, na relação jurídica que se estabelece, com base no contrato, o "dever de segurança", com a correspondente redução da importância do dever de indenizar. O contrato de seguro assumiu, afinal, sua condição de negócio jurídico eminentemente *preventivo*, não apenas ressarcitório, ou prevalentemente, ressarcitório.

---

[6] *Foucault, a norma e o direito*, tradução portuguesa de 1993, Vega, p. 204.
[7] Ulrich Beck, *La sociedad del riesgo – Hacia una nueva modernidad*, original alemão de 1986, tradução de 1998, A & M Gráfic, Barcelona.
[8] Ulrich Beck, p. 37.

9. Realmente, a conceito de seguro evoluiu a partir da teoria, perfeitamente natural ao tempo em que ele praticamente se confundia com o jogo ou aposta, em que o "princípio indenizatório" era dominante, para a concepção atual do seguro como um negocio jurídico através do qual o segurador presta prioritariamente *garantia*.

Em última análise, o segurador promete, acima de tudo, segurança, tornando-se a prestação indenizatória uma conseqüência eventual. "No contrato de seguro, a garantia é a própria prestação principal".[9] O segurador não cumpre o contrato apenas no momento em que, eventualmente, venha a prestar indenização. Sua prestação principal é transmitir segurança, de modo que o segurado não venha a sofrer as conseqüências porventura decorrentes do sinistro.

Daí dizer-se, apropriadamente, que o segurador cumpre o contrato a partir do momento em que a apólice é emitida.[10] Daí também sua natureza de "negócio jurídico preventivo".

O segurado, no seguro contra o dano, não previu e muito menos pretendeu que, ocorrendo o sinistro, devesse primeiro sofrer as suas conseqüências, prestando indenização para, somente depois, recuperá-la do segurador. O objeto do contrato fora sempre sua imunidade contra o risco segurado.

A dificuldade em conceber o seguro como negócio essencialmente *preventivo*, é a mesma que tem feito com que a doutrina rejeite, *in limine*, as ações cautelares, como formas igualmente de tutela de simples segurança, quando esta seja a finalidade exclusiva da demanda. A impossibilidade de uma mensuração matemática dos direitos e obrigações dos contratantes, na tutela preventiva, briga com os pressuposto racionalistas do sistema. A velha função do seguro como instituição *indenizatória*, conseqüentemente reparadora de algum interesse já destruído, não como um negócio jurídico preventivo, é uma das tantas expressões de nossa ideologia racionalista.

Um contrato que apenas preste *segurança*, ou uma tutela processual que somente *assegure* algum direito eventual, são coisas com as quais nossa formação jurídica não consegue conviver.

Todavia, o dever principal do segurador é prestar garantia.

---

[9] Tzirulnik, Cavalcanti, Pimentel, p. 30.
[10] Pontes de Miranda, *Tratado de direito privado*, vol. 45, § 1.912, 3.

Daí por que será estranha à intenção e ao interesse do segurado a contingência de, em ocorrendo o sinistro, caber-lhe, antes, suportar-lhe as conseqüências, para depois ser ressarcido pelo segurador. Ele não contratou o seguro para obter este indesejável resultado.

O professor Edson Malachini, magistrado aposentado e professor da Universidade Federal do Paraná, em estudo que vem sendo mencionado pela jurisprudência, secundando, de resto, a própria indicação do texto legal e uma ponderável corrente de opinião, entende ser perfeitamente condizente com o sistema o entendimento de que segurado e segurador formem um litisconsórcio passivo na ação em que a vítima postula indenização. Diz ele:

"De fato, a condenação do denunciado a pagar diretamente ao autor da ação o valor do seguro é *do interesse* do denunciante segurado tanto quanto do autor da ação; e foi nessa intenção que contratou, pois o que pretendeu, ao fazê-lo, foi justamente *livrar-se* do risco de ter de pagar pessoalmente a quantia indenizadora. Nunca esteve nos seus planos (especialmente no caso do seguro de responsabilidade civil) *pagar primeiro* (indo atrás de recursos para tanto) para só depois ser reembolsado. Fez o seguro justamente para não ter de enfrentar essa situação, além de não sofrer diminuição em seu patrimônio.[11]

São rigorosamente corretas suas considerações, quanto à inadequação das disposições legais que disciplinam a denunciação da lide, para as ações de indenização movidas contra o segurado. A estrutura da denunciação da lide, tal como nosso estatuto processual a disciplinou, não apresenta, nas hipóteses de seguro contra o dano, os resultados que seriam desejáveis.

Uma das soluções preconizadas, como acabamos de ver, é considerar o denunciante litisconsorte do denunciado, de modo que ambos respondam perante a vítima.

A solução procura conciliar o texto legal com uma forma de tutela processual mais adequada às ações de indenização, nos casos de seguro de dano. Não chega a ser uma pura e simples da ação direta contra o segurador, mas é um forma de conservar como partes no processo tanto o segurador quanto a do segurado, preservando, igualmente, o amplo contraditório.

---

[11] *Seguro, resseguro, litisconsórcio e denunciação da lide*, REPRO, vol. 81, p. 118.

Este entendimento, aliás, harmoniza-se com o art. 74, que considera o denunciado que comparece ao processo, atendendo à denunciação, como um litisconsorte de denunciante; ou com alguém que "assume a posição de um litisconsorte", podendo, segundo a lei, até mesmo, aditar a petição inicial.

Não é, todavia, este o sentido correto da norma. O denunciado não se torna litisconsorte do denunciante. Comparecendo ou não, sua posição será sempre a de uma *assistente simples,* cuja missão não irá além da prestação de auxílio ao denunciante, colaborando em sua luta contra o terceiro.

O que o art. 74 pretende dizer é que, em comparecendo ao processo, o denunciado assume – processualmente – a condição de um litisconsorte.

A sugestão de tê-lo como um litisconsorte verdadeiro, pelo fato de ele haver comparecido ao processo, além de não se harmonizar com o próprio texto, faria com que a condição de litisconsorte passasse a depender de um ato deliberado daquele a quem se convoca para participar da causa.

Recusando-se a comparecer, não será parte, portanto não será alcançado pela coisa julgada; comparecendo, tornar-se-ia litisconsorte. O revel jamais seria alcançado pela coisa julgada.

Esta solução não se harmoniza com os princípios. A ninguém que seja citado como réu, é dado o arbítrio para escolher entre ser ou não ser parte.

Veremos, porém, que é possível conceber outra alternativa, capaz de conciliar a correta preocupação de quantos não se conformam com a solução que preconiza a necessidade de "duas execuções de sentença" – uma da vítima contra o segurado; outra do segurado contra o segurador.

10. Resta saber como o novo Código Civil trata do contrato de seguro. Considero que o conceito de seguro de dano, na concepção acolhida pelo Código, reforce o mesmo entendimento. Com efeito, dispõe a nova lei civil:

"Art. 757. Pelo contrato de seguro, o segurador se obriga, mediante o pagamento do prêmio, a garantir interesse legítimo do segurado, relativo a pessoa ou a coisa, contra riscos predeterminados".

A norma deixa evidente que o objeto principal pelo contrato não é indenizar, eventualmente, o segurado, e sim, comprometer o segurador a prestar-lhe garantia, de modo a torná-lo indene aos riscos a que esteja exposto o interesse segurado. Estamos, portanto, ante uma nova visão do contrato, que o concebe como um negócio jurídico preponderantemente preventivo. Não, como a doutrina tradicional o concebia, como contrato predominantemente indenizatório.

Prestar segurança é dever tão preventivo quanto possa sê-lo, igualmente, a proteção que ao direito provável a lei concede com a tutela cautelar.

Esta concepção do contrato aponta para uma solução que, nos seguros de dano, evite que o segurado sofra as conseqüência do sinistro, indenizando primeiro a vítima, para somente depois ser indenizado.

Por outro lado, estas considerações estão a indicar que a solução das duas execuções preconizadas pelo art. 70, pelo menos nos seguros de dano, não se concilia com a natureza do contrato.

11. Nas considerações precedentes, porém, ainda não ficaram indicados os fundamentos, perante nosso direito, que podem autorizar a vítima, nesta classe de contratos, a agir diretamente contra o segurador. Temos agora de enfrentar esta dificuldade.

Antes de tratar propriamente da viabilidade da chamada "ação direta", em nosso atual ordenamento jurídico, convém ter em conta a proclamada natureza instrumental do processo.

Mesmo aceitando que a jurisprudência seja fonte criadora de direito, podemos afirmar, sem reserva, que o processo tem por missão primordial atuar o direito material, realizando as pretensões que venham a tornar-se litigiosas.

Isto autoriza-nos a considerar que as normas processuais devem comportar uma nova leitura, sempre que o direito material se haja modificado. A função do processo, em última análise, é realizar a *norma* de direito material, não o *texto* petrificado, enquanto sinal gráfico da norma. Esta é uma das conquistas mais significativa das modernas doutrinas filosóficas: o retorno da ciência do Direito ao lugar que lhe cabe dentre as ciências do espírito; a recuperação da hermenêutica, como via privilegiada para a compreensão do fenômeno jurídico.

Direito que hermeneuticamente se interpreta; direito, portanto, elaborado a partir o ponto de vista do intérprete, historicamente situado; enfim, o direito vigente na perspectiva de quem o aplica.

Desta essencial historicidade do Direito, nasce a indeclinável contingência de construí-lo a partir da posição do intérprete e de suas circunstâncias. Ainda que o texto conserve-se inalterado, a norma transforma-se, na medida em que se alterem as condições históricas do intérprete.

É possível ilustrar isto servindo-nos novamente de uma observação de François Ewald, ao dizer que o direito civil francês transformou-se completamente sem que se alterasse o texto do velho Código Napoleônico.[12] Na verdade, é através de sua construção hermenêutica, pela via da jurisprudência, que o direito constantemente se renova, permitindo que a norma – liberta da petrificação literal de sua expressão gráfica – harmonize-se com as novas exigências históricas.

12. Sendo assim, devendo o processo servir ao direito material, é necessário interpretar a norma do art. 70, inc. III, do Código de Processo Civil, em harmonia com as prescrições do atual Código Civil e com a nova compreensão do contrato de seguro.

Para que se construa esta solução, é necessário ter presente outra distinção relevante entre as duas ações regressivas: – a de regresso que compete ao adquirente, nos casos de "garantia formal"; e as ações regressivas decorrentes de uma das hipóteses de "garantias simples".

Enquanto nas primeiras as duas pretensões – a do *terceiro* contra o *adquirente* e a deste contra o *alienante* – têm *objetos litigiosos* entre si diversos, nas outras, como na ação da *vítima* contra o *segurado* e na deste contra o *segurador*, as pretensões são absolutamente idênticas. Tanto a vítima procura ressarcimento, quanto este mesmo ressarcimento pretende o segurado obter contra o segurador.

---

[12] Ob. cit., p. 211.

A finalidade, tanto da ação principal quanto da ação de regresso, é a mesma: obter indenização.

Do ponto de vista do terceiro que pede ressarcimento, como vítima, pode-se dizer que somente existe uma pretensão. Ele pretende obter indenização, a mesma indenização, quer seja prestada pelo segurado, quer a satisfaça o segurador.

Tanto a vítima pretende ressarcimento, quanto o buscará também o segurado que, prestando indenização à vítima, terá de buscar o que prestara, contra o segurador.

13. Certamente não se devem menosprezar as questões que podem tornar-se controversas entre o denunciante e o denunciado. Mas esta eventual litigiosidade está prevista pelo Código, cabendo à sentença resolvê-la, mesmo porque a própria estrutura ordinária e plenária da demanda principal, a que se vincula a ação incidental de regresso, assegura o adequado contraditório a todas as partes.

Tanto é verdade, que a sentença, ao julgar procedente a ação principal, simultaneamente julgará procedente – ou não – a ação de regresso. E, sendo procedente a ação regressiva, a sentença valerá como título executivo.

O sistema pressupõe, portanto, que a demanda regressiva fora também julgada, simultaneamente com a ação principal, produzindo sentença condenatória, hábil para a constituição do título executivo.

14. Além disso, no "chamamento à autoria", que é o que temos nas disposições que tratam deste instituto com o nome de "denunciação da lide", o princípio tradicional tanto no direito luso-brasileiro que nos acompanhou, desde o direito medieval português, até o Código de 1939 – quanto nas demais fontes europeias –, o denunciante deveria sair do processo, correndo a causa principal, a partir daí, contra o denunciado.

O denunciado assumia a condição de demandado na causa de "moléstia", ou causa principal, com a exclusiva incumbência de defender a posição do denunciante, sustentando a legitimidade de seu direito.

Se considerarmos que o Código, no art. 70, disciplina um "chamamento ao processo" e tendo igualmente em vista a identidade das pretensões – ambas tratando da mesma indenização – torna-se intuitiva a conclusão de que, nas indenizações em que haja chamamento do segurador, nos seguros de dano, bem poderia o segurado ser *extrometido* do processo, passando o segurador à condição de demandado principal.

É verdade que, no Código anterior, ação regressiva do adquirente contra o alienante ficava reservada para o que então se chamava "ação direta", ou a propriamente chamada "ação de evicção", a ser promovida por ele contra o alienante. Mas o Código de 1939 dispunha do "chamamento à autoria", como era natural, apenas para os casos de evicção, em que as pretensões são essencialmente diferentes.

Ao passo que, na ação de evicção o terceiro nada pede e nem tem pretensão alguma contra a alienante denunciado, ao contrário, na ação da vítima contra o segurado, o que ele pretende é receber – em havendo seguro contra o dano – o que o segurador prometera ao segurado, pois, na essência, a ação do terceiro contra este envolve a mesma pretensão que ele poderia exercer em "ação direta" contra o segurador, objetivo impossível de ser alcançado nos casos de evicção. O terceiro que pede a coisa contra o adquirente nunca poderá reivindicá-la contra o alienante.

No seguro de dano, verifica-se uma estrutura análoga à conhecida pretensão do credor exercida contra o devedor de seu devedor, instituto largamente empregado desde o direito medieval e que se conserva em muitas hipóteses de privilégios creditícios, como mostra Maurice Cozian, em seu excelente estudo sobre a "ação direta".[13]

15. Nestes casos, desprezando a hipótese de transformar o denunciado em litisconsorte, existe outra alternativa, mais natural, harmônica com o sistema e, diríamos, sugerida pelo Código. Trate-se, de certo modo, também de uma ação direta, porém não de uma "ação principal", e sim, de uma "ação de execução direta" da vítima contra o segurador, condenado a indenizar na sentença que julgara procedente a ação de regresso.[14]

---
[13] Ob. cit, p. 2.
[14] Esta alternativa tem sido defendida com insistência por Adriana Fagundes Burger (*Reflexões em torno da denunciação da lide*, Anais do III Congresso de Defensores Públicos, Rio de Janeiro, novembro de 2001).

Aqui a semelhança com a pretensão do credor contra o devedor de seu devedor – que pode dar lugar à penhora do crédito de que seja devedor o terceiro – mostra-se muito clara, posto que o terceiro, não apenas esteve no processo, desfrutando de ampla defesa, como fora já condenado a prestar indenização.

Com a procedência da ação de regresso, houvera já o reconhecimento de que o segurador era responsável por indenização. A ação de regresso fora julgada procedente.

O texto do art. 76 do Código de Processo Civil, ao dispor que a sentença *"declarará a responsabilidade do denunciado por perdas e danos"*, permite considerar que a indenização não deva caber ao segurado, mas à vítima, pois a esta sempre coube, desde o início, o direito ao ressarcimento.

Não se harmoniza nem com a lógica, nem com os princípios, que seja necessária uma ponte, através do denunciante, para que a indenização chegue à vítima.

De resto, não está escrito no art. 76 que a sentença que julgar procedente a ação de regresso valerá como título executivo "em favor do denunciante". Valerá como título executivo. Apenas isto está na lei. Sendo a mesma a pretensão da vítima, qual poderá ser o obstáculo a que ela execute diretamente o segurador?

Seria, a nosso ver, prestar excessiva homenagem a um puro formalismo, sem qualquer sentido, exigir que a vítima primeiro execute o segurado para que este, prestando indenização, possa pedi-la depois ao segurador.

Dir-se-ia, para recusar essa solução: – nenhuma relação jurídica existe entre a vítima e a companhia de seguros, de modo que aquela nenhuma pretensão indenizatória poderia ter contra o segurador. Sem dúvida, se pensarmos o direito como uma equação lógica ou como um teorema algébrico, a objeção faria sentido.

Porém, pensando-o pragmaticamente, mas não arbitrariamente, posto que a lei nos oferece o caminho, inclino-me por aceitar como uma legítima solução legal a "execução direta" da vítima contra o segurador, ante a sentença de procedência da ação de regresso.

5. Cooperativa associada a uma companhia

A consulente é uma cooperativa de venda em comum, constituída com a finalidade de comercializar a produção de seus associados, todos produtores de cana-de-açúcar, abastecendo uma parcela expressiva do mercado interno e comercializando-a igualmente no mercado externo, como tradicional exportadora da produção de seus sócios.

A dimensão e complexidade de seu comércio exigem, como é natural, a organização de inúmeros serviços e instrumentos auxiliares, bem como a adoção de estratégias modernas de mercado, exigidas pelas atuais condições do comércio internacional.

Mesmo mantendo sua estrutura societária, preservando, portanto, a natureza de uma cooperativa de venda em comum, a consulente considera indispensável adaptar a forma de comercialização às novas exigências do mercado, de modo a descentralizá-la, através da criação de entidades associadas, controladas pelos sócios, com o objetivo de tornar sua atividade mais competitiva, pela adoção de instrumentos legais disponíveis e utilizados pelas empresas concorrentes.

Dentre as providências a serem adotadas, para a concretização desse projeto, está a alienação do complexo de bens utilizados na exportação, que passaria a ser gerido por uma empresa controlada pelos sócios, a fim de que a produção, hoje posta em seu destino final diretamente pela consulente, fosse intermediada por essa empresa; além disso, pretende a consulente conceder, por um valor meramente simbólico, o uso de sua marca comercial a uma empresa igualmente formada ou controlada pelos sócios.

a) Além disso, considera a consulente indispensável que os vínculos institucionais existentes entre ela e os associados sejam consagrados em instrumentos legais capazes de lhe darem a segurança de contar com a "entrega" da produção dos sócios por um período de longa duração, tendo em vista que as normas e práticas do comércio internacional obrigam-na a vincular-se, perante os compradores, através de contratos de fornecimento por um período de tempo considerável.

b) Segundo a consulente, o sucesso da nova conformação empresarial dependerá do cumprimento das seguintes exigências, entre si indissociáveis; i) a alienação do complexo de bens destinados à exportação da produção dos associados e dos ativos imobilizados operacionais; ii) a concessão do uso de sua marca comercial a uma nova empresa formada ou controlada pelo sócios, a ser constituída; iii) a formalização em contrato a ser firmado entre a consulente e essa nova sociedade, através do qual fique ajustado, por um prazo de vinte anos, a obrigação de fornecimento da produção por ela recebida, de modo que a empresa a ser criada realize as etapas finais de comercialização dessa produção; iv) simultaneamente, deverá ser ajustado em contrato, entre a consulente e seus sócios, a obrigação de que estes lhe entreguem, pelo mesmo prazo de vinte anos, toda sua produção, a fim de que a consulente possa honrar os compromissos que haverá de assumir no mercado internacional.

Diz a consulente que a finalidade dessa mudança no sistema operacional é permitir que a nova sociedade possa ser competitiva, seja comprando produtos de terceiros no mercado, seja atraindo novos produtores; seja, enfim, lançando ações no mercado para atrair capital. Essas providências deverão ser adotadas sem que haja solução de continuidade ou quebra de princípios cooperativistas.

Em tais circunstâncias, pede-nos resposta para os seguintes quesitos: I) É lícito à consulente alienar bens de seu ativo permanente a preços de mercado, mesmo que os adquirentes sejam seus atuais cooperados, em operações em que não haverá concorrência de terceiros? II) É lícito à consulente licenciar, por um valor simbólico, sua marca comercial a uma sociedade comercial, controlada pelos sócios? III) Os recursos obtidos com a alienação desses bens, assim como os provenientes da licença de uso da marca, poderão ser utilizados para financiamento da produção dos cooperados? IV)

O compromisso a ser assumido pela consulente de comprometer a totalidade da comercialização com um só cliente, por um prazo dilatado, poderá ferir algum princípio do sistema cooperativista? V) A contratação a ser ajustada entre a consulente e a empresa a quem ela irá transferir o produto destinado à comercialização deverá ser aprovada pela Assembléia Geral, ou basta que o seja pelo seu Conselho de Administração? VI) É lícito à consulente estabelecer em contrato que seus sócios ficam obrigados a entregar-lhe, pelo mesmo prazo de vinte anos, toda a produção, de forma a garantir que a consulente possa cumprir com as obrigações que vier a assumir com terceiros? VII) Os sócios que tenham votado contra esse projeto ficarão, como os demais, obrigados a submeter-se ao que for aprovado? VIII) Os sócios que venham a desligar-se da cooperativa devem indenizar os prejuízos porventura por ela sofridos, se esse desligamento tornar-lhe impossível o cumprimento dos contratos de entrega da produção aos adquirentes? IX) Finalmente, indaga a consulente que precauções deverão ser adotadas, visando a dar-lhe segurança, no que respeita a assunção de responsabilidades pelos sócios.

5.1. Parecer

1. A consulta envolve questões ligadas ao conceito de sociedade cooperativa, já abordadas em pareceres anteriores, fornecidos à consulente, o que recomenda que se faça remissão a considerações constantes desses pareceres, se não para obviar a exposição, dispensando-se agora uma fundamentação mais extensa, mais especialmente no interesse da organicidade e coerência nas respostas.

2. Cuidando de estabelecer a distinção entre uma sociedade cooperativa e as demais pessoas jurídicas de direito privado, procuramos mostrar, em parecer anterior, que a essência da sociedade cooperativa reside, substancialmente, numa especial relação, de natureza econômica e jurídica, existente entre a entidade cooperativa e os associados, distinta das relações que se estabelecem entre as demais sociedades, sejam comerciais ou civis, e seus sócios.

3. A especial natureza deste vínculo projeta, sobre toda a instituição cooperativista, reflexos de índole estrutural que auxiliam a compreendê-la, distinguindo-a das demais.

Basta ver o que se passa com a consulente. Embora seus objetivos institucionais correspondam ao comércio da produção de seus sócios, sua finalidade institucional limita-se à prestação de um serviço aos associados. Apesar da aparência, ela não é uma sociedade que explore, em nome próprio, como o faria uma empresa mercantil, o comércio de produtos agrícolas. Basicamente, não há entre a cooperativa e seus sócios a independência estrutural e a correspondente autonomia econômica existente entre uma empresa mercantil e seus sócios.

Mesmo sendo definida como uma cooperativa de venda em comum, a consulente não passa de uma organização simplesmente prestadora de serviços. Procurando mostrar a distinção conceitual básica entre uma cooperativa e uma sociedade mercantil, no que diz respeito às respectivas relações por elas mantidas com os sócios, escrevemos em parecer anterior:

"A sociedade cooperativa, na verdade, é uma pessoa jurídica *transparente*. Ela não passa de um *prolongamento da pessoa jurídica de seus sócios*. O próprio capital tem um sentido instrumental, pois a cooperativa transfere aos sócios as 'sobras' porventura verificadas no exercício ou, ao contrário, faz chamadas de capital para cobrir os *déficits* eventuais. A cada exercício financeiro, ela devolve aos sócios todo o resultado positivo da gestão. Daí, dizer-se que a cooperativa é uma sociedade que trabalha sob o princípio do resultado zero."

4. Essa importante distinção decorre, basicamente, da natureza *comunitária* da sociedade cooperativa. Como mostramos antes, a essência da cooperativa reside no princípio de solidariedade que a inspira e preside sua existência. Ao contrário do que ocorre com as empresas mercantis, a constituição de uma cooperativa é determinada pela necessidade da reunião de esforços, com o objetivo de superar uma dificuldade comum a todos os cooperados.

Ao contrário do que acontece com as sociedades comerciais, nas cooperativas os particulares interesses econômicos dos sócios integram o objetivo da sociedade. A cooperativa é constituída por um determinado grupo de pessoas em torno de um objetivo comum, que passa a ser a finalidade institucional do ente social.

Numa sociedade mercantil, a relação básica que se estabelece entre a empresa e os sócios compreende o ato de aporte do capital. A vida da sociedade, porém, é independente da vida e dos eventuais interesses pessoais dos sócios e até mesmo de seus êxitos ou fracassos pessoais.

Radicalizando a distinção, seria possível dizer que o fracasso de todos os acionistas de uma sociedade por ações seria indiferente para o sucesso e lucratividade da empresa. Para uma sociedade mercantil, a vida e os negócios privados dos sócios lhe é indiferente. Depois de constituída, ela se torna independente dos sócios. Isto será sempre impensável na organização cooperativa.

Procurando revelar a distinção, sob esse aspecto, entre uma sociedade cooperativa e uma empresa mercantil, fizemos, em parecer anterior, algumas considerações cuja reprodução parece-nos oportuna. Dissemos então:

"Referimo-nos a sua particular característica de ser uma sociedade baseada na idéia de solidariedade social, princípio que a torna distinta, por esta circunstância, das empresas comerciais, embora, como estas, opere nos mercados; o que a torna, por esta particularidade, distinta das sociedades civis, tratadas pelo Código Civil, como 'sociedades simples'".

As incompreensões decorrem da circunstância de ser a cooperativa uma entidade de índole *comunitarista*, de que se origina uma especial relação entre ela e seus associados.

A relação básica, institucional, entre a sociedade cooperativa e seus sócios assinala, de maneira inconfundível, sua principal característica. Ao contrário das sociedades mercantis, costuma-se dizer que a cooperativa presta serviços aos próprios sócios.

Walmor Franke, um dos mais conceituados doutrinadores brasileiros, surpreendeu a distinção entre uma cooperativa e uma corporação capitalista deste modo: "A posição ideológica do cooperativismo, como doutrina da Solidariedade, eqüidistante do individualismo capitalista e das diversas formas em que se expressa o coletivismo, é reafirmada na problemática cooperativista moderna, como uma das características fundamentais do movimento" (*Direito das sociedades cooperativas*, Ed. Saraiva, 1973, nº 2).

As dificuldades na compreensão do que seja uma cooperativa reside essencialmente nisso. O Direito, na sua dimensão subjetiva, é compreendido, no direito moderno, como uma relação de "conflito de interesses", não como uma relação "cooperativa", nunca como uma conduta solidária, entre os sujeitos de uma determinada relação jurídica.

5. O exame dos vínculos econômicos e sociais que ligam a consulente a seus sócios permite compreender que ela, embora tenha como objetivo estatutário comercializar a produção dos sócios, na verdade não o faz em nome próprio. Sua função institucional não vai além da prestação de um serviço a seus associados.

Pode-se dizer que a consulente, ao vender a produção que lhe seja confiada pelos sócios, não o faz em nome próprio, e sim, como representante, ou mandatária, dos associados.

A natureza jurídica deste ato vem indicada pelo art. 83 da Lei 5.764, de 16 de dezembro de 1971, ao dizer que a cooperativa, ao receber a produção a ser comercializada, recebe apenas um mandato dos sócios, que a credenciam a vender, em seu nome, a produção que continua a pertencer-lhes.

6. As considerações precedentes autorizam-nos a afirmar que a transferência de bens de seu ativo permanente a seus atuais cooperados constitui negócio jurídico perfeitamente lícito.

Não tem qualquer relevância, para a legitimidade desse negócio jurídico, a circunstância de que ele se constitua entre a consulente e seus atuais cooperados, "em operações em que não haverá concorrência de terceiros". Ao contrário, a exclusão dos terceiros é que dará ao negócio jurídico sua especial natureza de ato cooperativo *interno*. Não se irá tratar a operação como uma compra e venda. Cuida-se de um ato alienativo, ou translativo de propriedade. Temos que será possível considerá-lo como tal, desde que empreguemos, numa adaptação mais ou menos forçada, conceitos e categorias do direito comum. Essencialmente, no entanto, esse negócio jurídico aproximar-se-á mais de uma "restituição", ao mandante, de bens que a entidade mandatária adquirira visando ao fiel cumprimento de sua função estatutária.

Somos de parecer que não haverá, aí, um ato de comércio, nem uma compra e venda civil, capaz de atrair a incidência dos tributos relativos a atos e negócios jurídicos destas índoles.

É verdade que essa espécie excepcional de transferência de bens da cooperativa para os sócios terá, como contrapartida, a reposição de valores monetários equivalentes, que passarão a ocupar, no patrimônio do ente social, o lugar antes ocupado pelos bens transferidos aos sócios. Haverá uma ampla mobilização de recursos, antes imobilizados. Mas esse aporte financeiro passará a integrar o patrimônio da entidade e, nesta condição, estará disponível para ser aplicado na forma dos estatutos e de acordo com o que os sócios venham a deliberar.

7. Por análogos fundamentos, somos de parecer que não haverá, no licenciamento de sua marca comercial, qualquer ilicitude. É bom, neste ponto, aludir a uma consideração que fizemos em parecer anterior, relativamente à área da licitude dos atos e negócios jurídicos praticados por uma empresa comercial e por uma cooperativa. Somos induzidos a supor que, para a cooperativa, ao contrário do que acontece com as demais pessoas jurídicas, as margens da licitude estejam traçadas pelo que a lei expressamente lhes permita. A idéia de licitude, no direito moderno, tem suas fronteiras traçadas a partir do velho e sempre presente princípio, oriundo das doutrinas contratualistas, segundo o qual tudo o que o direito não proíbe será permitido.

Com relação à cooperativa, no entanto, inverte-se o princípio: tudo o que não for expressamente permitido será proibido, e portanto, ilícito. Dissemos em parecer anterior:

> "A idéia comum que se tem de uma cooperativa funda-se na suposição de que as empresas mercantis terão ampla liberdade de conduta, para consecução de seus objetivos, podendo praticar tudo o que não seja *vedado por lei*, enquanto a cooperativa, ao contrário, somente poderia praticar o que lhe fosse *permitido por lei*.
>
> Para as empresas comerciais, tudo o que não seja 'expressamente proibido' será lícito. Para a cooperativa, tudo o que não seja 'expressamente autorizado' seria proibido. Para as sociedades comuns, o campo de atividade empresarial abarcaria o espaço genérico da licitude. Para a cooperativa, imagina-se, tudo o que

não fosse permitido, seria ilícito. Este, a nosso ver, é o fundo cultural responsável por muitos equívocos, quando se busca conceituar uma sociedade cooperativa".

Ora, é sabido que o direito constitui um sistema restritivo da liberdade natural. É assim que a ordem jurídica é concebida e estruturada. A norma nunca será permissiva; concretamente, não dirá que determinada conduta será lícita e, como tal, permitida aos destinatários da norma legal.

O legislador, em princípio, não dirá o que os agentes dos atos e negócios jurídicos podem fazer. Di-lo-á, ao contrário, o que lhes está vedado praticar. A respeito do conceito de licitude, é oportuna a transcrição da seguinte lição de um eminente civilista português contemporâneo:

> "Em *sentido amplo*, o negócio diz-se lícito quando tenha surgido no espaço deixado pelo Direito à autonomia privada. A licitude tenderia, então, a absorver todos os demais requisitos negociais. Em *sentido estrito*, o negócio é ilícito sempre que implique, para as partes, o desenvolvimento de actuações contrárias a normas jurídicas imperativas... A ilicitude pode emergir do *resultado* ou dos *meios*, isto é: o negócio ilícito pode alcançar algo que o Direito proíba ou, simplesmente, pode prosseguir uma finalidade em si admissível, mas por meios que o Direito vede" (António Menezes Cordeiro, *Tratado de direito civil português*, Parte Geral, 1º Tomo, Livraria Almedina, Lisboa, 1999, p. 423).

8. No caso da consulta, não vislumbramos em que ponto o licenciamento da marca comercial poderia contrariar alguma "norma jurídica imperativa"; ou ser increpado de ilícito, em virtude dos meios, porventura vedados pelo Direito.

9. A resposta ao terceiro quesito deve igualmente ser afirmativa. Como já o dissemos, os recursos obtidos com a alienação dos bens indicados nos quesitos anteriores poderão ser utilizados para financiamento da produção dos cooperados.

10. A resposta ao quarto quesito exige que se tenha em conta a excepcionalidade das características da reestruturação concebida pela consulente. Pelo que se viu, a empresa comercial a quem ela venderá a produção que lhe venha a ser confiada pelos sócios é uma

empresa diretamente por eles próprios constituída ou por eles controlada.

Essa empresa integrará, de certa forma, a estrutura comercial da consulente, tornando-se mais um elo da cadeia comercial, que atualmente se encerra com a venda realizada pela consulente.

A nova empresa irá integrar-se jurídica e comercialmente ao complexo comercial existente. Na primeira etapa, a produção será lançada no mercado por intermédio da própria consulente, através do ato cooperativo típico, inerente a uma cooperativa de venda em comum. Este é o ciclo comercial atualmente observado pela consulente.

Pelo projeto, ficarão preservadas tanto a estrutura quanto a função do negócio cooperativo. A diferença é que os sócios passarão a contar com o benefício adicional de uma fase complementar, representada pela subseqüente venda da produção, a ser feita por uma empresa da qual eles serão sócios.

A consulente continuará a desempenhar sua função de entidade cooperativa de venda em comum. Uma vez recebida a produção "entregue" pelos sócios, cumprirá seu objetivo estatutário, pondo-a no mercado.

Entretanto, em vez de vender a terceiros alheios aos interesses dos associados, venderá a produção a uma empresa independente, porém ligada ao atual complexo administrativo e empresarial, de modo que os sócios terão condições de obter outro benefício econômico decorrente dessa nova venda que a empresa fizer no mercado. Não vemos como isto possa ser vedado pela lei e nem nos parece que infrinja normas ou princípios do direito cooperativo.

Tendo presentes as especiais características do projeto, entendemos que, no particular, não haverá ofensa a norma ou princípio de direito cooperativo; sendo irrelevante, outrossim, para a licitude ou não desse negócio jurídico, a questão do tempo sob o qual os contratantes se obrigarão.

11. A contratação a ser ajustada entre a consulente e a empresa a quem ela irá transferir a produção – objeto do quesito quinto –, deverá ser aprovada pela Assembléia Geral da Cooperativa. Consideramos indispensável esta providência, tendo em vista o caráter

excepcional do negócio e sua decisiva relevância econômica, seja para a consulente, seja para o conjunto de sócios.

12. A resposta ao quesito seguinte (VI) é afirmativa: o dever que grava os sócios de uma entidade cooperativa de venda em comum de "entregar" sua produção, para que a sociedade a ponha no mercado, é inerente ao contrato social e vigorará indefinidamente, enquanto o integrante da comunidade social permanecer como sócio.

Na verdade, nem seria necessário explicitar em contrato esse dever, não fossem determinados componentes culturais que, muitas vezes, desconsideram a natureza do ente cooperativo.

13. A resposta ao quesito seguinte (VII) é igualmente afirmativa: mesmo os sócios que tenham votado contra o projeto ficarão submetidos ao que for aprovado. Trata-se de uma deliberação social como qualquer outra, sujeita às mesmas regras e princípios estatutários e legais pertinentes.

14. É possível reunir, neste parágrafo, as respostas ao dois últimos quesitos. Quanto ao VIII, entendemos que os sócios que se desliguem da sociedade, em princípio, não serão responsáveis por indenizações porventura devidas por ela.

Dissemos *em princípio* porque, em atenção às peculiares circunstâncias em que cada desligamento se der, e o especial significado que ele possa ter para o cumprimento dos contratos, essa responsabilidade poderá surgir. Precisamente por isso, dadas as peculiaridades condições de que se reveste o projeto, somos de parecer que a consulente deverá adotar as providências que forem aconselháveis, visando à segurança do empreendimento, dentre as quais o estabelecimento em contrato, sempre que possível, das futuras obrigações a que devam ficar vinculados os sócios. Dentre estas, sobreleva a necessidade de uma minuciosa disciplina da forma como se irá constituir a sociedade a ser formada ou controlada pelos sócios, a quem a consulente venderá a produção, com expressa regulação dos direitos e deveres dos sócios, explicitando-se o direito a eles eventualmente reconhecido de não se associarem à nova entidade.

É nosso parecer.
Porto Alegre, fevereiro – 2007.

6. Natureza jurídica do "Monte de Previdência"

Para tratar da natureza jurídica dos "fundos de previdência", é indispensável ter presentes alguns princípios que presidem os sistemas jurídicos modernos, avaliando o grau de correspondência entre eles e as novas estruturas da sociedade contemporânea, isto é, entre as linhas fundamentais de nosso ordenamento jurídico e as novas exigências determinadas pelas modernas sociedades de consumo.

A análise por meio desta metodologia impõe-se ainda mais quando se pretender compreendê-los sob a perspectiva processual.

Sabe-se que os ordenamentos jurídicos modernos assentam-se basicamente na idéia de direito como um *poder da vontade*, ou como uma faculdade que a lei confere para realizarmos aqueles interesses que o sistema nos atribui como um direito.

O Direito moderno define-se como um "conflito de vontades".

Seja qual for o conceito de Direito e, a partir dele, o conceito de ordenamento jurídico enquanto sistema instituído pelo Estado, é necessário concebê-lo como a expressão de um *direito subjetivo*, um direito atribuído ao sujeito individual, seja como proteção contra as tiranias do poder, seja como tutela contra as resistências porventura opostas a seu reconhecimento por aqueles a quem a lei imponha o dever de satisfazê-lo.

Qualquer que seja a compreensão que possamos ter do conceito de *direito subjetivo*, certo é que esta categoria implica a idéia de submissão da vontade humana à vontade de outrem. Porém, submissão a uma *vontade individual*. O individualismo penetra tão profundamente nosso pensamento que se torna penoso imaginar uma relação jurídica de *cooperação*, não de *conflito*.

Para que se tenha uma visão aproximada da potência do *paradigma* individualista, basta pensar no conceito de *lide* como um "conflito de interesses". Esta é a marca da ideologia moderna, impressa em seus sistemas jurídicos.

A Idade Moderna, ao destruir a comunidade medieval, criou uma nova categoria política, na figura do *indivíduo* como uma entidade jurídica abstrata, supostamente existente antes da respectiva comunidade social, constituída pelos indivíduos através de um contrato que Feuerbach dizia ser um "contrato bilateral de sujeição" por meio do qual os indivíduos teriam livremente renunciado à sua liberdade para formar o Estado. Porém, acima de tudo, um negócio jurídico *bilateral*, concluído pelo indivíduo, que Rousseau concebia como "um todo perfeito isolado".

Essa curiosíssima construção política eliminou a própria idéia de *comunidade social pré-estatal*, em cuja tradição esses indivíduos – produtos de uma abstração lógica – teriam nascido e se formado como seres humanos.

Não seria exagero dizer que nossa concepção do Direito, como *direito subjetivo*, realiza o enunciado de Hobbes de uma sociedade humana formada por "indivíduos isolados" em permanente "luta de todos contra todos". A supressão dos chamados "corpos intermediários", determinada pelas filosofias políticas do século XVIII, fez-se pelo mesmo princípio. Não deveria haver representantes, entre o Estado e esses "indivíduos isolados", de nenhuma instituição que pudesse intermediar o diálogo político.

Sobre a base de uma sociedade pulverizada, o Iluminismo dos séculos XVII e XVIII estabeleceu um modelo de tutela jurídica processual sustentado por dois novos princípios: a) o direito processual, como uma entidade lógica abstrata, portanto ahistórica, deveria ser formado por conceitos permanentes e eternos, como as verdades matemáticas; b) como pressuposto complementar a esse princípio, a atribuição aos juízes da missão exclusiva de *esclarecer* a "vontade do legislador", posto que a lei deveria ser produzida exclusivamente pela Providência de um iluminado Poder Legislativo.

É a doutrina da divisão dos Poderes do Estado que, levada às últimas conseqüências, como nós o fazemos, transforma o juiz naquele "ser inanimado" como dizia Montesquieu, incumbido de verbalizar as palavras da lei. Espécie de oráculo do legislador; "poder nulo", como o qualificava o teórico moderno da democracia.

Os reflexos desses princípios fizeram-se sentir no Direito Processual Civil através de uma conseqüência inevitável, limitadora da função jurisdicional: a eliminação da *tutela preventiva*, sob o pressuposto de que ao "juiz subordinado" – como diziam os filósofos – caberia exclusivamente a missão de revelar a "vontade do legislador", ficando-lhe vedado o acesso aos juízos de verossimilhança ou de simples probabilidade.

Sempre que o magistrado provesse baseado em juízo de "probabilidade" sua decisão seria, no máximo, reveladora da "provável" vontade da lei. Seria, como dissera Hobbes, a "lei do juiz", não a lei criada pelo legislador, e, nessas condições, segundo ele, injusta.

Explica-se, a partir desta vertente ideológica, o fato de os códigos europeus do século XIX não contemplarem formas de *tutela preventiva*. Debalde buscaremos nos códigos napoleônicos algum instrumento deste gênero.

Basta recordar o conceito de *ação*, dado por Savigny, como "a relação que nasce da violação do direito". Só depois de violado é que o direito poderia se refeito, restaurado pelo juiz. Isto já seria suficiente para compreender a extraordinária redução do campo da juridicidade. Mas esta mesma surpreendente redução da jurisdição apenas às formas de *tutela repressiva*, que transforma o juiz num consertador do passado, vedado seu acesso ao futuro, foi cometida pelo Código Civil que, ao aventurar-se a conceituar *pretensão*, simplesmente eliminou a tutela preventiva, sem dó nem piedade, declarando – contra toda a história do conceito – que a pretensão nasce da violação do direito (art. 189). Nem a conveniência de respeitar o art. 5º, LV da Constituição Federal conteve os redatores do Código. Sua submissão ao *paradigma* que praticamos falou mais alto.

Eis a razão pela qual distinguiam os juristas a propriedade do "direito de propriedade". Este, *o direito de propriedade*, consistiria na faculdade, outorgada pela norma ao titular do domínio, de restaurá-lo em caso de violação. Sem a prévia violação, não haveria como preventivamente protegê-lo. Até porque, segundo a doutrina que se formara no século XIX – expressão do acabado *normativismo* – o "direito de propriedade" nascia precisamente da violação da propriedade. O que havia antes, os negócios jurídicos ocorridos na vida social, uma compra e venda, por exemplo, não se deveria tratar, ainda, como um fenômeno jurídico. Tratava-se de simples interesses, que poderiam vir a transformar-se em direito, quando submetidos à apreciação judicial. Seriam direito se o juiz o reconhecesse como direito (desta sufocante herança, falamos amplamente da obra *Jurisdição, direito material e processo*, 2008, Forense).

As tutelas processuais preventivas, como o mandado de segurança, a tutela cautelar, o procedimento monitório e até mesmo as "antecipações de tutela", agora introduzidas em nosso sistema – que nem chegam a ser preventivas –, são instrumentos processuais resgatados do direito medieval. Antes de serem modernas, elas correspondem à mais eloqüente negação da modernidade.

Assim como as formas de tutelas preventivas que se vêm avolumando em nossa experiência judiciária, numa ampla e profunda revisão dos restos da modernidade, é compreensível que o seguro – enquanto forma de tutela negocial preventiva contra os *riscos* gerados por nossa insegurança, na "sociedade do risco", adquira também relevância numa sociedade angustiada e neurótica.

Nos ordenamentos modernos, especialmente a partir do século XIX, a tutela processual pressupunha a violação do direito que se buscava proteger. O direito haveria de ser destruído para que o Estado pudesse restaurá-lo.

A construção de um mundo imaginário, conhecido como "mundo jurídico" que ainda sobrevive, como um puro ente de razão, como uma entidade lógica e sem qualquer vínculo ou compromisso com a realidade, indiferente às transformações pelas quais o mundo passou nos últimos duzentos anos, é outra conseqüência dessa fuga do jurista de seus compromissos sociais.

Enquanto o Direito – concebido como uma equação lógica – mantinha-se sobranceiro e indiferente a tudo o que pudesse ocorrer no mundo social, as sociedades modernas sofriam transformações jamais imaginadas pelas teorias políticas que, separando o mundo do ser do mundo das abstrações lógicas, legaram-nos esse encantado "mundo jurídico".

Vivemos hoje, no entanto, o que Galbraith, eminente cientista político, indicou como a "era da incerteza". Na verdade, como disse outro conhecido filósofo, estamos presenciado o "fim de todas as certezas". É bom esclarecer que não nos referimos a um teórico preocupado com a filosofia pura. Referimo-nos à visão de Ilya Prigogine – laureado com o Prêmio Nobel de Química de 1977 –, um filósofo da ciência, precisamente da Ciência, a moderna guardiã de nossas antigas esperanças. Foi a Ciência contemporânea, não a Filosofia, que abandonou o sonho iluminista das *certezas*, do mundo das verdades claras e distintas de Descartes, como ideal a ser perseguido pelo conhecimento humano.

O paroxismo das transformações sociais, cada vez mais velozes e profundas, transformou a sociedade moderna no que Ulrich Beck, ilustre professor de Filosofia do Direito da Universidade de Munique, denominou a "sociedade do risco", perante a qual a própria ciência, à medida que avança – e o faz como a velocidade do raio – vai gerando novos e assustadores riscos sociais e quebrando a ilusão de que possamos encontrar o mundo sonhado pelo Iluminismo.

Pensemos nos perigos que as usinas nucleares representam. Consideremos a destruição ambiental, provocada pelo desenvolvimento da indústria que, ao mesmo tempo, constitui uma mola propulsora do progresso científico, a dar causa ao extraordinário desenvolvimento de novas tecnologias produtoras de novos riscos sociais. Pensemos nos novos riscos criados com a clonagem dos seres humanos e nas infinitas possibilidades científicas – com os riscos correspondentes – da produção de alimentos – e, por enquanto, apenas nos animais – geneticamente modificados, para ver a incomensurável distância que nos separa de Savigny e dos juristas do Iluminismo.

Vivemos, sem dúvida, um "maravilhoso mundo novo", cujo resultado, não previsto e não desejado, foi a criação de um enorme e genérico "risco social". Não há testemunho mais eloqüente desta triste realidade que o novíssimo critério da avaliação da importância, ou da seriedade, ou da credibilidade de uma nação, do que o chamado "risco país", temível sistema de listagem, produtor de conseqüências desastrosas para a economia dos países pobres, praticado por empresas de suspeita imparcialidade – espécie de oráculo das finanças internacionais – que periodicamente decretam o grau inapelável de credibilidade das nações do Terceiro Mundo, avaliações que oscilam de um dia para outro, segundo critérios insondáveis, mas que produzem conseqüências econômicas por vezes catastróficas.

Não é necessário dizer mais para justificar a extraordinária importância do seguro como o mais elaborado e eficaz instrumento de prevenção contra riscos sociais, como remédio preventivo para uma sociedade enferma, assustada e pessimista que, ao contrário de seus ancestrais iluministas, está a ponto de perder as esperanças de um mundo mais humano, mais justo e, acima de tudo, menos desigual.

Nesta nova realidade, a importância da instituição jurídica do seguro decorre, entre outras muitas, de duas circunstâncias elementares.

A primeira diz respeito à sua histórica função econômica de proteção contra os riscos sociais, missão a ser agora exercida na "sociedade do risco", onde as grandes ilusões de segurança e até de prosperidade permanente perderam sentido. Não se cuidam mais de certos e determinados riscos sociais, pontualmente conhecidos e determinados. É a sociedade, globalmente considerada, que se tornou um grande risco.

A segunda circunstância, tão ou mais significativa que a primeira, é ser o contrato de seguro uma velha instituição que, embora convivendo com todas as formas do *individualismo* moderno, preservou o germe de uma instituição de natureza *solidária*, enquanto genuína expressão de um contrato rigorosamente econômico, porém, apesar disso, com a feição de um negócio jurídico que, ao invés do *conflito*, assenta-se no princípio da *solidariedade* entre os sujeitos que dele participam.

Certamente o princípio *solidarista*, tanto no *contrato de seguro*, quanto na instituição de *previdência social* – que não deixa de ser um seguro, em razão de sua estatalidade – ou no sistema privado *cooperativista* de seguro, encontra-se, em qualquer deles, soterrado sob a idéia ilusória de que essas categorias jurídicas formem-se, como as demais, por uma relação jurídica *bilateral*, como qualquer contrato de natureza *individualista*.

Quem tiver a curiosidade de ler nosso Código Civil, verá que o contrato de seguro é definido como aquele pelo qual *"uma das partes* se obriga para com *a outra* a indenizá-la do prejuízo resultante de riscos futuros".

Este critério, no entanto, pode servir para tudo, menos para definir o contrato de seguro. Na hipótese de "uma" das partes se obrigar para com a "outra" a indenizar os prejuízos porventura resultantes de riscos futuros, o que se teria configurado, quando muito, seria uma relação negocial de jogo ou aposta. Jamais terão formado um contrato de seguro.

O seguro é um sistema de poupança ou de *economia coletiva*, impensável quando ajustado individualmente. O contrato de seguro não é, por definição, um negócio jurídico *bilateral*, como também não o são o contrato de previdência social, seja estatal ou privada, e o contrato constitutivo por uma sociedade cooperativa.

Ao substituir a *comunidade* medieval pela *sociedade*, as teorias políticas modernas conceberam-na como uma sociedade formada por entidades individuais.

O *indivíduo* – essa entidade lógica, criada pelo direito moderno, que não tem qualquer sentido de realidade – transformou-se no critério pelo qual nos é permitido o acesso à juridicidade. Pensar o direito, especificamente na dimensão processual, é pensá-lo enquanto conflito de vontades individuais. A *ação* com que os processualistas laboram é uma categoria rigorosamente individual. Se houver mais de uma pessoa em cada pólo da relação processual, é sinal de que haverá mais de uma *ação*, haverá litisconsórcio, ou qualquer outra forma de cumulação subjetiva de partes.

É um exercício penoso para nossa formação jurídica pensar o direito como uma relação de *cooperação*, e não de *conflito*.

A concepção corrente da instituição conhecida como *previdência social* – assim como o contrato de seguro privado, seja um seguro mútuo ou um seguro dito capitalista – considera apenas a relação *bilateral* que se forma entre o segurado e a instituição depositária da "poupança coletiva". Supõe que o seguro seja formado por milhares de contratos *individuais*, incapaz de absorver o sentido *comunitário* que o constitui como negócio complexo de índole solidária.

Ao contrário dos negócios jurídicos bilaterais, que se formam pela convergência de vontades de contratantes individuais, os contratos de seguro somente se constituem quando ocorre uma multidão de contratos análogos.

A compra e venda, o mútuo, a locação, o comodato, ou qualquer outro contrato bilateral – mesmo quando tenham em cada pólo vários contratantes – inclusive os contratos de natureza societária, constituem unidades autônomas e independentes, definitivamente completas e acabadas. O contrato de seguro, não. Para a existência do seguro, é necessária a formação de um grande número de contratos análogos, atuarialmente calculados de modo a formar o "fundo de previdência", que transformará o contrato de *aleatório* em *comutativo*.

A miopia de nossa formação *individualista* somente vê, no contrato de seguro privado ou social, a relação *bilateral* concluída entre cada segurado e a respectiva instituição, mas impede vê-lo em sua verdadeira essência de negócio jurídico complexo, pelo qual a *comunidade* forma o negócio jurídico de seguro, mediante a constituição do "fundo de previdência". Esse acervo econômico é constituído pela "poupança coletiva" da comunidade segurada. Trata-se de economia coletiva, propriedade que a todos pertence. É desse monte que haverão de sair as indenizações devidas pelo sistema.

O gestor da "poupança coletiva", sejam os próprios segurados, se o negócio jurídico for um seguro mútuo, seja o segurador capitalista, seja, enfim, a instituição estatal que haverá de gerir a previdência social, nenhum deles detém a propriedade exclusiva da "poupança coletiva". Na realidade, eles não passam de simples administradores do sistema e, como tais, haverão de responder perante os segurados.

O vínculo do segurador com o "monte de previdência" aproxima-se conceitualmente de uma propriedade *fiduciária*, análoga àquelas concebidas pela figura do *trustee* do direito inglês.

A natureza do contrato de seguro privado ou de *previdência social* pode ser vista com maior nitidez quando objeto de uma relação processual. Aparecerá, então, uma peculiaridade que o distingue dos conflitos tradicionais de índole *individual*.

A solução jurisdicional que se der ao litígio entre o segurado individual e o respectivo segurador terá reflexos diretos e imediatos perante os demais segurados, revelando a *unidade* conceitual do contrato de seguro.

O valor da indenização a que for condenado o segurador será retirado desse monte comum, pertencente à comunidade social; será extraído do "monte previdenciário" que a poupança coletiva tiver formado.

Acontece com o contrato de seguro uma peculiaridade extraordinária que o faz rigorosamente diferente dos contratos tradicionais, de cunho *individualista*. No conflito entre o segurado e o segurador, não é a vitória daquele que poderá reverter em vantagens para os demais. Surpreendentemente, os benefícios que poderão advir para os demais segurados decorrerão, não da derrota, mas da vitória do segurador! Tudo o que ele conseguir na Justiça reverterá em benefício do monte. Toda sucumbência do segurador provocará um gravame a ser suportado pelos demais segurados.

Com o contrato de *previdência social*, ou com qualquer outra forma de seguro, dá-se o mesmo fenômeno que ocorre com as *ações coletivas*, mais visível com as ações destinadas à proteção do meio ambiente. A procedência de uma destas ações, portanto a sucumbência do réu, trar-lhe-á – enquanto entidade individual ou coletiva exposta ao meio ambiente preservado – as mesmas vantagens obtidas pelo vencedor.

Em resumo – fato extraordinário para nossa idéia privatística de jurisdição como "conflito de interesses" –, o sucumbente alcançará resultados benéficos de sua derrota.

Por ignorar a natureza complexa, mas acima de tudo *comutativa* do contrato de previdência social, tratando-o como um contrato *aleatório*, o Poder Público, de um modo geral, especialmente a classe política de nosso país, põe em risco o sistema, vendo-o como se fora constituído por uma infinidade de contratos *bilaterais*. Primeiro, fazendo vista grossa para a incalculável – rigorosamente incalculável – sonegação e inadimplência dos empregadores; depois, pela ausência de contribuição do próprio Poder Público e, finalmente, pela apropriação indébita praticada pela União Federal contra o "monte previdenciário", servindo-se da poupança dos trabalhadores para o custeio de obras públicas, algumas delas suntuosas.

Dessa conduta desastrosa não se eximiu nem mesmo o Poder Judiciário que, reiteradamente, vem tratando o contrato de previdência social como um negócio jurídico *bilateral* de direito comum, a ponto de aplicar-lhe o caduco princípio do direito liberal clássico do *pacta sunt servanda* cuja utilização há muito perdeu legitimidade, mesmo perante os negócios jurídicos individuais.

A extraordinária facilidade com que o "monte de previdência" é condenado a pagar valores absolutamente incompatíveis com a respectiva poupança do segurado e a surpreendente benovolência com que a Justiça outorga benefícios não contemplados pelo sistema, como se o contrato fosse uma relação jurídica de mão única, é de causar dó e denunciam nossa encarnada ideologia burguesa, que ainda supõe ser o Direito uma arma do cidadão – agora rebaixado à condição de "consumidor" – contra o Estado, perante o qual todos os assaltos estariam justificados.

O que há de singular na submissão dessa classe de negócio jurídico ao padrão comum de lide individual é a eliminação do direito de defesa que deveria ser assegurado ao "monte previdenciário", não ao segurador.

No que respeita ao Direito Processual, o modo de preservar a natureza *unitária* do contrato de seguro seria conceber, no mínimo, algum instrumento de tutela jurisdicional que os particularizasse como formas peculiares de *litígios coletivos*, seja pela criação de órgãos de representação dos interesses supra-individuais; seja, talvez, transferindo-os para algum veículo processual análogo à jurisdição voluntária.

Assim, como está, torna-se tentador ao juiz permitir as contínuas e quase sempre irremediáveis erosões do "monte de previdência", como se as vantagens outorgadas a cada segurado, que ultrapassem a proporção atuarial entre a poupança individual e o respectivo benefício, fosse assunto privado entre cada segurado e o gestor da "economia coletiva".

Na verdade, há uma terceira circunstância para que o contrato de *previdência social* adquira surpreendente relevância, se não prática ao menos heurística, no ambiente de revisão dos instrumentos de que hoje se ocupam os processualistas. Trata-se de inserir os contratos de índole *solidária* em alguma forma de "tutela diferenciada" que possa furtar-se ao tirânico exclusivismo do procedimento ordinário e das ações de natureza individual para as quais ele fora concebido.

Vislumbra-se pelas formas jurídicas a tendência difusa e ainda modesta, para o *solidarismo social* como instrumento de superação do *individualismo*, que se aproxima da idéia de "justiça coexistencial" preconizada por Cappelletti, justiça não de conflito, mas de conciliação.

Não seria exagero dizer que as formas processuais, supra-individuais, de que são exemplos as ações coletivas, apontam para a superação do *individualismo* formado pela cultura da modernidade. São instrumentos para um mundo do solidarismo social.

7. Penhor em direito de crédito

A consulente, uma cooperativa de venda em comum, consulta-nos sobre os reflexos que a promulgação do Código Civil e da Lei de Recuperação Judicial poderão provocar sobre o penhor de direitos creditórios firmados por ela com seus associados.

1. A Cooperativa adota, como critério permanente, estabelecer, em contrato padrão, os critérios, direitos e responsabilidades, relativos aos processos de entrega da produção de seus associados, destinada à comercialização. A consulta diz respeito a esta cláusula do contrato: "23. Sem prejuízo de quaisquer outras garantias já existentes a Cooperada institui, por instrumento em separado, em favor da Cooperativa, penhor de todos os direitos de crédito que a Cooperado mantém junto à sociedade, decorrentes da entrega de sua produção em curso e das safras futuras. A presente garantia real objetiva amparar quaisquer débitos da Cooperado junto à Cooperativa, especialmente aqueles decorrentes de adiantamentos fornecidos à garantidora, ou do fornecimento, pela sociedade, de garantias, avais ou fianças, em financiamentos obtidos diretamente em favor da mesma Cooperado, ou, ainda, decorrentes de responsabilidades tributárias, ou de obrigações de qualquer espécie, que à Cooperativa venham a ser impor, em benefício ou em função da Cooperado".

2. O Código Civil regula o penhor de crédito, ou penhor sobre crédito nesta disposição: "Art. 1.451. Podem ser objeto de penhor direitos, suscetíveis de cessão, sobre coisas móveis."

O penhor constitui-se, segundo dispõe o artigo seguinte, mediante instrumento público ou particular, registrado no Registro de Títulos e Documentos. Como se vê, este penhor rege-se pelas regras relativas ao penhor sobre coisas móveis, para cuja constituição é exigida a forma escrita e o respectivo registro (Pontes de Miranda, *Tratado de direito privado*, Tomo XX, 2ª edição, Editor Borsoi, p. 449; Enneccerus-Wolf, *Derecho de cosas*, 2º vol., 3ª edição espanhola da edição alemã de 1957, p. 504).

3. O Código Civil anterior disciplinava o penhor sobre crédito sob a denominação de "caução de título de crédito" (art. 789). Porém, a doutrina sempre entendeu que essa caução correspondia, realmente, a um penhor (assim, por exemplo, Clóvis Bevilaqua, *Código civil comentado*, 8ª edição, 1960, Livraria Freitas Bastos, vol. III, p. 386; e J. X. Carvalho Santos, *Código civil brasileiro interpretado*, 1953, 10º volume, Livraria Freitas Bastos, p. 189).

4. O revogado Código Civil, ao tratar o penhor de crédito pelo ângulo da caução, destacava um dos elementos deste direito real, qual seja, a transferência, para o credor, da posse do documento representativo do crédito. Entretanto, mostrava Pontes de Miranda que, embora o princípio fosse esse, seria possível *mediatizar* essa posse, conservando com o devedor penhorante o documento (cit., p. 450) A transmissão da posse é elemento constitutivo do penhor, mas a entrega subseqüente ao devedor do documento, negocialmente ajustada, não afeta o penhor já constituído.

5. Podem ser objeto desta espécie de penhor, em princípio, todos os direitos transmissíveis, sejam créditos ou direitos reais, bem como direitos do autor, direitos de patentes, direitos de sócios e respectivas ações, assim como direitos futuros, apenas *expectado*, como o direito do fideicomissário, antes de dar-se a sucessão fideicomissária, prevista pelo Código Civil alemão de 1896 (Enneccerus-Wolf, ob. cit, p. 499). O penhor sobre um crédito fundiário, é previsto pelo atual Código Civil alemão no § 1.291. Os créditos garantidos por hipoteca ou penhor podem igualmente ser objeto desta *espécie penhor*.

6. Em princípio, o penhor sobre créditos pressupõe os três figurantes: (a), o credor constituinte do penhor; (b), o devedor do crédito empenhado (c), o credor do crédito garantido pelo penhor. Entretanto, pode acontecer que o credor outorgante do penhor seja o credor do crédito garantido pelo penhor (Pontes de Miranda, ob. cit., p. 499). O jurista, a este respeito, escreve o seguinte: "Às vezes, ocorre que a) e c) são a mesma pessoa (direito de penhor sobre crédito próprio), ou que c) e b) coincidam (direito de penhor sobre dívida

própria, pignus debiti); ou que a) e b) coincidam, direito de penhor sobre crédito confundido" (p. 499).

7. A lição de Pontes de Miranda, dada ao tempo do Código Civil revogado, é inteiramente aplicável ao Código Civil em vigor. A nosso ver, não houve alteração substancial na disciplina do penhor sobre créditos, que possa invalidar a doutrina elaborada na vigência do direito anterior.

8. Embora possa considerar-se a *restituição* do documento que representa o crédito como fato extintivo do penhor, como pensa Oliveira Ascensão, em face do art. 677 do Código Civil português (*Direitos reais*, 4ª edição, Coimbra Editora, p. 487), é necessário distinguir o fato de haver *restituição* do documento da circunstância de, negocialmente, disporem as partes sobre sua *entrega*, sem que isto implique extinção do penhor.

9. O problema posto pela consulta decorre, basicamente, da especial natureza jurídica do ente cooperativo e das respectivas relações negociais entre a sociedade e os sócios. A circunstância peculiaríssima da formação de duas relações débito/crédito, em que normalmente figuram a sociedade e cada sócio, em posições invertidas, é uma conseqüência do chamado princípio da *"dupla qualidade"* assumida pelo sócio nas suas relações com a sociedade.

Enquanto nas sociedades mercantis o sócio nada fará, além de aportar o numerário correspondente a sua participação na sociedade, a cooperativa, ao contrário, somente alcançará seus objetivos e finalidade institucionais se contar com o permanente cumprimento, por parte dos sócios, dos deveres e obrigações que lhe caibam, segundo a lei e o estatuto. Esta é uma questão delicada, mas decisiva para o êxito da cooperativa. É o ponto em que o espírito *comunitário* e solidarista desponta, como elemento característico do sistema cooperativista. A cooperativa tem de contar, permanentemente, com a solidariedade do sócio, seja, no caso da consulente, entregando a totalidade da produção, para que ela a ponha no mercado, seja, enfim, cumprindo os demais deveres e obrigações assumidas.

A cooperativa necessita, permanentemente, que todos os sócios participem negocialmente da vida societária, realizando os atos e negócios jurídicos que o estatuto lhes atribuem. No caso da consulente, o resultado final de sua atividade dependerá do cumprimento, por parte destes, da entrega de suas produções agrícolas, para que a sociedade as comercialize.

Essa dupla qualidade do sócio, inicialmente obrigado a cumprir a obrigação estatutária básica, dando ensejo a que a sociedade realize sua função institucional, para finalmente auferir o resultado da ação social – a atividade do sócio enquanto condição prévia para que a entidade cooperativa realize sua finalidade; depois o mesmo sócio, agora como destinatário dos benefícios sociais – é a característica que distingue a cooperativa das demais sociedades, quaisquer que elas sejam, mercantis ou não.

Daí a natural diversidade de relações jurídicas existentes entre os sócios e a sociedade cooperativa. Daí também o cuidado que a entidade deve ter quanto ao rigoroso cumprimento das obrigações sociais que incumbe a cada associado, porquanto as relações formadas entre a entidade e cada um dos sócios não se limitam a constituir um negócio jurídico bilateral. Elas repercutem diretamente no conjunto dos sócios. A relação básica que os envolve é, essencialmente *comunitária*, não *societária*.

A nosso ver, entretanto, a existência de outras relações jurídicas ligadas, mesmo conexas e simultâneas, ao contrato de penhor sobre o crédito não o afetará, de modo algum; nem muito menos se poderá vislumbrar na atual disciplina do penhor de crédito, algum princípio ou critério que limite ou imponha alteração ao contrato de penhor existente, assim como não limitará a formalização de novos negócios, em virtude de restrições legais, na disciplina dada pelo Código Civil.

10. Entendemos não haver, na atual disciplina do penhor sobre crédito, os obstáculos temidos pela consulente. Ela poderá disciplinar negocialmente os respectivos contratos, prevendo, por exemplo, as hipóteses em que será admitida a compensação, assim como disciplinando o regime de posse do documento, representativo do crédito empenhado, de modo que essa disciplina se afeiçoe às finalidades de cada negócio, sem que o Código Civil lhe crie embaraço.

11. A mesma conclusão, a nosso ver, aplica-se à Lei de Recuperação de Empresas (Lei 11.101, de 9 de fevereiro de 2005). Houve modificação, introduzida por esta lei, na ordem de classificação dos

créditos. Entretanto, mesmo havendo a restrição inscrita no art. 83, II, entende-se que a nova lei foi mais benigna, ampliando os direitos relativos aos créditos com garantia real (assim, Júlio Kahan Mandel, *A nova lei de falências e recuperação de empresas*, Editora Saraiva, 2005, p. 161).

Porto Alegre, dezembro de 2006.

8. Respondabilidade do sócio retirante

A Cooperativa solicita-nos parecer sobre a seguinte questão: a) Segundo dispõe seu Estatuto, as despesas, desembolsos, indenizações ou outros gastos que tenham sido pagos pela Cooperativa, ou que estejam *sub judice*, serão imputados aos associados, na proporção da entrega da produção realizada no exercício social em que se originaram, independentemente do exercício social em que vieram a ocorrer os dispêndios (art. 19); b) A norma estatutária seguinte complementa essa disposição, ao prescrever que a responsabilidade do sócio, nas hipóteses previstas pelo art. 19, permanecerá mesmo depois de seu desligamento da sociedade, observada a proporção, segundo ficar estabelecido em contrato a ser firmado, no momento do desligamento do associado (art. 20); c) Ocorreu, porém, que, tendo sido aprovadas, em assembléia geral, as contas e os critérios de rateio das sobras e perdas do exercício social, não houve previsão contábil específica para determinada contingência passiva, em virtude de ser, na época, ignorada pela consulente a existência desse encargo; d) Ante essas circunstâncias, indaga ela se, mesmo após aprovadas as contas, assim como os critérios e valores de rateio de sobras e perdas do exercício social, sem ter havido registro de provisão contábil específica, pode a Cooperativa agir contra o cooperado, ou ex-cooperado, para haver a quota que lhes caiba nos encargos decorrente de contingência originada em data posterior ao encerramento do exercício.

No caso de ser afirmativa a resposta, indaga se essa exigência estaria sujeita à prescrição. Finalmente, pergunta se é possível compensar seus créditos futuros originados de operações de exercícios sociais anteriores, com os valores de contingência reconhecidos, ou não, em balanços e em contratos?

Esclarece, outrossim, que, no contrato a que se refere o art. 20 do Estatuto, ficara prevista a responsabilidade do sócio que se desliga pelas eventuais obrigações surgidas após o encerramento do exercício e a aprovação das respectivas contas.

9.1. Parecer

1. É conveniente chamar a atenção, já de início, para a distinção entre uma sociedade cooperativa e as demais pessoas jurídicas de direito privado. De todas elas, sejam mercantis ou civis, ditas *sociedades simples* pelo Código Civil, distingue-se a cooperativa por sua natureza de entidade coletiva de índole *comunitária*.

Pode-se dizer que, a rigor, a cooperativa nem mesmo é uma sociedade, na medida em que o conceito jurídico de sociedade distingue-se e, de certo modo, opõe-se ao conceito de *comunidade*.

Diferentemente das sociedades comerciais, nas quais os sócios não participam, nem são indispensáveis à consecução de seus objetivos sociais, nas sociedades cooperativas a conduta pessoal dos associados é vital para que o ente social alcance sua finalidade institucional.

Esta peculiaridade, essencial ao ente cooperativo, reforça-se em vista do pressuposto de que a sociedade cooperativa é formada por um grupo de pessoas identificado por pertencer a um mesmo ramo de atividade econômica, comprometido com um idêntico projeto.

Nas sociedades comerciais, a *"consciência de interesses comuns"* limita-se ao lucro esperado da atividade da empresa; a participação do sócio resume-se no aporte econômico inicial, que irá balizar a quota dos respectivos resultados que lhe serão conferidos. Ao contrário, na cooperativa são os sócios – através da respectiva entidade – que desenvolvem a ação coletiva. A atividade econômica da cooperativa é uma conseqüência direta da atividade dos sócios.

O espírito de *solidariedade*, essencial ao cooperativismo, é a marca que o distingue das sociedades mercantis. As relações que se formam entre os sócios de uma empresa mercantil e os sócios de uma cooperativa, em suas relações com a entidade de que participem, oferecem peculiaridades profundamente distintas. Enquanto nas sociedades comerciais os sócios não mantêm, enquanto sócios, qualquer relação econômica com a sociedade, a não ser para o aporte inicial do capital e percepção dos lucros, nas cooperativas, ao contrário, a permanente participação econômica dos sócios na vida da entidade é condição essencial à sua própria existência.

Daí dizer-se que, ao contrário das demais formações jurídicas de índole econômicas, nas cooperativas as relações que se estabelecem entre cada associado e a entidade não serão relações jurídicas *bilaterais*, que interessem apenas aos respectivos participantes. Serão sempre relações de índole associativa ou comunitária.

O *solidarismo* é um ponto essencial para a compreensão do movimento cooperativista; e indispensável para o construção de critérios apropriados ao tratamento das entidades cooperativas.

2. Buscando mostrar como se formam as relações solidárias, disse o sociólogo Pitirim Sorokin "a interação é solidária quando as aspirações (significados-valores) e as ações exteriores das partes em interação concorrem e se auxiliam mutuamente na realização de seus objetivos" (*Sociedade, cultura e personalidade*, original inglês de 1962, Editora Globo, Porto Alegre, 1968, p. 144).

A definição é tão singela e óbvia, que costuma passar despercebida quando se trata de distinguir a conduta dos sócios de uma cooperativa do comportamento comum dos sócios de sociedade mercantil. Mesmo aqueles que se dedicam ao estudo do cooperativismo não se detêm na análise dessa diferença. A doutrina não se preocupa em mostrar quanto a riqueza da vida social, inerente ao sistema cooperativo, contrasta com a insignificância, para não dizer inexistência, de relações entre a empresa mercantil e seus sócios. Quando as sociedades comerciais mantêm com estes relações econômicas, trata-os como terceiros. Os atos e negócios jurídicos que eles realizam são *externos* à empresa e a seus objetivos.

Este aspecto conceitual, no entanto, é essencial para a compreensão do que seja uma cooperativa: diferentemente do que ocorre nas demais sociedades econômicas, os sócios não apenas auxiliam-se mutuamente na realização dos objetivos sociais, como concorrem com sua própria atividade para o cumprimento do objetivo comum.

Walmor Franke cita este ensinamento de Hans Fischer: "A idéia cooperativista só poderá frutificar se o empreendimento cooperativo não perder de vista que a sua existência repousa, substancialmente, no vínculo que o prende às economias associadas. Estas é que lhe dão o impulso e para defendê-las é que ele existe. Os membros da cooperativa não são apenas os portadores do empreendimento comum, senão também seus usuários, cujas necessidades a cooperativa deve procurar satisfazer, mediante adequada prestação de serviços" (*Direito das sociedades cooperativas*, Editora da Universidade de São Paulo [Edição Saraiva], 1973, p. 17).

Prosseguindo, estabelece o conhecido civilista alemão uma distinção crucial entre o que seria um negócio bilateral, ajustado entre o sócio de uma sociedade mercantil e os negócios que os sócios de uma cooperativa realizam com a entidade.

Diz Hans Fischer que a cooperativa não corresponde a uma entidade *independente* de seus sócios, aos quais deverá transferir, nos momentos apropriados, todo o resultado econômico verificado na execução de suas atividades. Mostra o jurista que a cooperativa é um "empreendimento-membro", não, como as demais sociedades econômicas, uma empresa independente.

A relação entre o que Fischer denomina, para qualificar a cooperativa, *"empreendimento-membro"* e a relação comum entre as sociedades de outras espécies, pode ser vista se tivermos em conta que, nestas, a situação econômica dos sócios não se reflete na vida empresarial do ente coletivo.

A ruína econômica de um ou de vários acionistas de uma sociedade por ações é fenômeno inteiramente indiferente ao sucesso da companhia. Seria possível imaginar que os sócios de uma empresa mercantil estejam em estado falimentar, enquanto a sociedade goze de uma cômoda estabilidade econômica. É a este contraste entre as relações que se formam entre os sócios da cooperativa e a acentuada *independência* existente entre os sócios e o empreendimento mercantil, que se refere Hans Fischer.

Ao contrário, para a cooperativa o sucesso econômico dos sócios é pressuposto para o êxito do empreendimento econômico. Este estreitíssimo vínculo, entre sociedade e sócio é que Fischer indica como "empreendimento-membro", para mostrar que a atividade desenvolvida pela sociedade cooperativa não possui a mesma *independência* com que operam as sociedades mercantis.

A recíproca é verdadeira: o êxito da cooperativa reflete-se diretamente no êxito das economias individuais de seus sócios, em grau incomparavelmente mais intenso do que acontece com as sociedades mercantis. Nestas, o sucesso da empresa poderá ter repercussões insignificantes no desempenho econômico dos sócios, justamente porque haverá completa *independência* entre os fins colimados pela empresas e as atividades particulares dos sócios.

Esta é a razão que torna impossível o tratamento dos negócios cooperativos através dos critérios usuais de interpretação, válidos para os negócios que envolvam as sociedades comerciais. Em recente parecer que subscrevemos, procuramos mostrar a especificidade das relações econômicas que vinculam a cooperativa a seus sócios, ao escrever o seguinte: "A sociedade cooperativa, na verdade, é uma pessoa jurídica *transparente*. Ela não passa de um *prolongamento da pessoa jurídica de seus sócios*. O próprio capital tem um sentido instrumental, pois a cooperativa transfere aos sócios as 'sobras' porventura verificadas no exercício ou, ao contrário, faz chamadas de capital para cobrir os *déficits* eventuais. A cada exercício financeiro, ela devolve aos sócios todo o resultado positivo da gestão. Daí, dizer-se que a cooperativa é uma sociedade que trabalha sob o princípio do resultado zero".

A diferença foi indicada por José Cláudio Ribeiro Oliveira, especialista em cooperativismo, nesta proposição: "Enquanto uma sociedade comercial pratica atos em nome próprio (pessoa jurídica), na sociedade cooperativa é o próprio cooperado que pratica o ato; a cooperativa é um mero instrumento" (*Cooperativa e tributação*, obra coletiva, coordenação de Betina Treiger Grupenmacher, Editora Juruá, 2006, p. 116).

3. Estas observações deixam clara a natureza dos atos e contratos realizados pelos sócios, individualmente, com a entidade. Eles refletem-se diretamente sobre toda a comunidade social, porquanto a partilha dos resultados – positivos ou negativos – da gestão econômica da entidade será determinada segundo as contribuições individuais que cada associado fizer, ao realizar o respectivo ato cooperativo interno com a entidade.

A circunstância de realizar cada associado o ato cooperativo, ou não realizá-lo, repercutirá imediatamente sobre toda a comunidade social, refletindo-se sobre os benefícios e os eventuais encargos, que haverão de formar o acervo final a ser transferido aos demais sócios.

4. É desta perspectiva que se há de examinar as questões propostas pela consulente. Antes, convém transcrever as disposições estatutárias pertinentes à responsabilidade dos sócios pelos eventuais encargos assumidos pela entidade. Consta do estatuto: "Art. 19 – As despesas, desembolsos, indenizações ou outros gastos que tenham sido pagos pela Cooperativa, ou estejam *sub judice*, serão imputados aos associados na proporção da entrega de produção realizada no exercício social em que se originaram, independentemente do exercício social em que vierem a ocorrer ou dispêndios. Art. 20 – As verbas a que se refere o artigo anterior permanecerão sob a responsabilidade do associado mesmo depois de seu desligamento, momento em que deverão ser tratadas em contrato firmado por este com a Cooperativa, definindo direitos e obrigações decorrentes".

Um dos problemas que ocorrem nas relações entre a consulente e os associados que se retiram da cooperativa, é o relativo a encargos fiscais, às vezes objeto de litígio judicial, outras vezes ignorados, que venham a surgir em decorrência de autuações posteriores ao desligamento do sócio.

5. A consulente procura disciplinar esta eventualidade em contrato, no momento do desligamento de cada associado, de modo que, além das disposições estatutárias antes indicadas, o problema é tratado no momento em que se formaliza o desligamento do associado.

Nesse instrumento, ficam expressas as responsabilidades e direitos do sócio retirante pelos resultados financeiros decorrentes de pendências legais, conhecidas e referidas no respectivo contrato.

Para as pendências judiciais, o "contrato de desligamento" contém disposição expressa mencionando a existência do litígio e o vínculo do sócio retirante a seu resultado.

6. O problema está em determinar a posição do sócio retirante pelos encargos suportados pelo cooperativa, relativos a ações fiscais

nascidas depois de seu desligamento, porém decorrentes de negócios relativos ao exercício fiscal em que se dera a retirada.

Como todos sabem, na selva de nossa legislação tributária, é comum que os agentes econômicos sejam surpreendidos, a cada momento, com a descobertas de débitos tributários que uma administração, mesmo cuidadosa e competente, não poderia prever.

7. A resposta a esta indagação deve ter presente a natureza dos negócios cooperativos, notadamente deve considerar a natureza das relações entre a cooperativa e os sócios. É indispensável ter em conta que os atos cometidos pelo sócio nunca terão o significado de um negócio jurídico *bilateral*. Ele se estenderá, necessariamente, a todo o grupo social, seja para beneficiá-lo, seja para gravá-lo com novos encargos. Se essas relações formassem negócios bilaterais, cujos reflexos pudessem ficar limitados aos respectivos contratantes, seria possível imaginar que o desligamento do sócio torná-lo-ia livre de responder por esses encargos. Como, porém, o ato cooperativo interno será por definição um ato ou negócio jurídico constituído sob o princípio *comunitário*, nossa conclusão é de que a norma do art. 20 do Estatuto ampara a consulente em sua pretensão de receber dos associados a quota que lhes caiba nos encargos por ela suportados, em decorrência de débito nascidos em data posterior ao encerramento das contas e aprovação dos valores de rateio. Inversamente, as eventuais vantagens econômicas porventura auferidas pela entidade, como conseqüência do resultado dessas pendências, haverão de ser igualmente partilhadas com os sócios, inclusive com os ex-associados, que se encontrem naquela posição.

O princípio há de ser aplicado à responsabilidade dos sócios que se retirem da sociedade, pelos encargos decorrentes de fatos geradores ocorridos antes de seu desligamento, mesmo que não haja provisionamento, por não ser conhecido o respectivo encargo fiscal, ao tempo da aprovação das contas e dos critérios de rateio dos resultados.

Esta conclusão é autorizada tanto pelo que consta do Estatuto, e pelas disposições do contrato que o associado assina quando se desliga da entidade, quanto por seu espírito. A circunstância de o débito ser ignorado no momento da formação do contrato não deve ser interpretada como se a intenção das partes fosse eximir o sócio retirante dessas responsabilidades.

8. Entendemos, outrossim, que a pretensão a receber esses valores está, segundo o princípio geral, sujeito a prescrição, a contar do nascimento da respectiva pretensão, ou seja, a partir do ato em que a consulente haja satisfeito o encargo fiscal.

9. Finalmente, julgamos possível a compensação entre créditos futuros da consulente com os valores de contingências, mesmo daquelas que venham a ser reconhecidas em datas posteriores à aprovação das contas, observados os princípios gerais constantes dos arts. 368 e seguintes do Código Civil.

Porto Alegre, dezembro de 2006.

9. Previdência privada e o INSS

A consulente é uma entidade de previdência social, de fins não-lucrativos, instituída com a finalidade de congregar, como beneficiários, seus empregados, suplementando-lhes os benefícios a que venham ter direito, como segurados do Instituto Nacional de Seguro Social (INSS).

a) Informa a consulente que, no período compreendido entre os meses de dezembro de 1981 e junho de 1989, o INSS, a despeito de determinação legal, prevista na Lei nº 6.708/79, reduziu o teto do salário-de-benefício, com relação ao teto do salário-de-contribuição; e, como decorrência, restaram reduzidos os valores de aposentadorias e pensões pagas pela previdência estatal a seus segurados.

b) Em virtude dessa redução, foi a consulente obrigada a suplementar o valor dos respectivos benefícios, cobrindo a diferença que se criara entre os benefícios efetivamente devidos a seus segurados e aqueles calculados pelos índices determinados pelo critério incorretamente estabelecido pelo INSS.

c) Havendo inúmeras decisões judiciais, já com trânsito em julgado, proclamado a ilegalidade dessa redução, procurou a consulente obter, junto ao INSS, a restituição dos valores excedentes que pagara a seus segurados, sob o fundamento de que, estando ela institucionalmente obrigada a suplementar aqueles benefícios; e tendo sofrido desembolso ilegal, determinado pela redução imposta pelo sistema de previdência estatal, teria direito, em virtude de sub-rogação legal, de reaver do INSS, os valores que a este competia pagar, e que fora a consulente compelida a fazê-lo, em virtude dessa redução incorreta dos valores do salário-de-benefício.

d) O INSS, no entanto, baseando-se em longo parecer de sua assessoria jurídica, datado de 9 de junho de 1993, negou qualquer direito ao reembolso pretendido pela consulente, sob o fundamento de inexistência de sub-rogação legal, de que pudesse a mesma valer-se, basicamente em virtude do seguinte, conforme consta do aludido parecer: I) o INSS "não possui qualquer tipo de acordo, contrato ou convênio" com a consulente que a obrigue a cobrir "qualquer tipo de indenizações pagas pela Fundação aos seus associados"; II) "por outro lado, não existe também qualquer referência à convenção entre as partes do que resultaria a sub-rogação convencional". Entendeu o INSS impossível vislumbrar, na hipótese, algum caso de sub-rogação legal, isto porque, segundo seu entendimento, os II e III do art. 985 do Código Civil *"não possuem qualquer referência ao enfoque dado a questão pela consulente"*, de que pudesse decorrer um caso de sub-rogação prevista em lei.

e) Ante a recusa oposta pela entidade de seguridade estatal, pretende a consulente buscar em juízo a restituição dos valores a que se julga com direito. Entretanto, antes de ajuizar ação para esse fim, deseja obter nosso parecer a respeito das seguintes questões: I) tendo suplementado os benefícios devidos a seus segurados, em valores que, por lei, eram da responsabilidade do INSS, estará ela legitimada, com fundamento em sub-rogação legal, a propor ação de ressarcimento contra este, objetivando recobrar as importâncias que fora obrigada a desembolsar, em virtude daquela redução ilegal do teto do "salário-de-benefício"? E, neste caso, deverá postulá-la em nome próprio ou como representante de seus associados? II) Caso não se configure uma hipótese de sub-rogação, teria, ainda assim, a consulente legitimidade para promover alguma outra ação, com fundamento diverso, porém com a mesma finalidade de obter a condenação do INSS a repor-lhe os valores por ela pagos a seus beneficiários, em razão do teto ilegalmente estabelecido pelo INSS?

Posta nestes termos a consulta, passamos a respondê-la do modo seguinte:

1. a norma então existente no Estatuto da consulente de que decorria sua obrigação de suplementar os benefícios devidos aos seus associados, enquanto segurados da previdência oficial, prescrevia o seguinte: I – Suplementar os benefícios a que têm direito auferir, como segurados do Instituto Nacional de Seguro Social (INSS), os

empregados das patrocinadoras que se filiarem à consulente como mantenedores-beneficiários".

A norma, de resto, não contém novidade, sabido como é que o sistema de seguridade social de natureza privada, desempenha no Brasil a função de seguro social complementar à previdência estatal.

Não há, portanto, controvérsia a respeito da obrigação que pesava sobre a consulente de suplementar os benefícios de seus associados-beneficiários. Esta circunstância, como logo veremos, tem relevância, posto que dela irá decorrer a natureza da intervenção feita pela consulente, quando cobriu a parcela dos benefícios que eram da responsabilidade do INSS. A significação deste ponto decorre do modo pelo qual o direito brasileiro disciplina o instituto da *sub-rogação*, levando em conta a qualidade em que o terceiro que solve obrigação de outrem, intervém para realizar o pagamento. Com efeito, diz o Código Civil:

> "Art. 985. A sub-rogação opera-se, de pleno direito, em favor:
> I – Do credor que paga a dívida do devedor comum ao credor, a quem competia direito de preferência.
> II – Do adquirente do imóvel hipotecado, que paga ao credor hipotecário.
> III – Do terceiro interessado, que paga a dívida pela qual era ou podia ser obrigado, no todo ou em parte."

Desprezados os dois primeiros incisos deste art. 985, que não têm pertinência ao caso, é necessário investigar a hipótese prevista em seu inciso III, buscando estabelecer o modo como nosso direito conceitua esta espécie de sub-rogação, demarcando-lhe os limites, bem como sua estrutura, relativamente aos contratantes.

Iniciemos essa análise, invocando a autoridade de Clóvis Bevilaqua. Escreve a respeito o consagrado civilista:

> "Sub-rogação é a transferência dos direitos do credor para o terceiro que solveu a obrigação ou emprestou o necessário para solve-la. Em princípio, diz Laurent, o pagamento extingue a obrigação de um modo absoluto, isto é, em relação a todas as pessoas interessadas, e com todos os seus acessórios, fianças, privilégios, hipotecas. Um terceiro efetuando o pagamento, o resultado é o mesmo, a dívida extingue-se; mas o terceiro terá,

em relação ao devedor, a ação de *in rem verso*, com que se possa ressarcir até a concorrência da utilidade, que o devedor fruiu. Em alguns casos, ser-lhe-á lícito usar de ações mais latas, como a de mandato, ou a de gestão de negócios... Nosso direito civil fala de três casos de sub-rogação legal: a) do credor, que paga a dívida do devedor comum ao credor, a quem competia direito de preferência. Há de preencher os dois seguintes requisitos: 1º, o solvente ser credor do devedor; 2º, a dívida solvida ser privilegiada. b) Do adquirente do imóvel hipotecado, que paga ao credor hipotecário. c) Do terceiro interessado, que paga a dívida, pela qual era ou podia ser obrigado, o todo ou e parte, como o devedor solidário, o codevedor de obrigação indivisível e o fiador" (*Direito das Obrigações*, 7ª ed., 1950, p. 119/120).

Vê-se da lição do jurista que a terceira hipótese de sub-rogação legal dá-se quando o terceiro que solve a obrigação qualifica-se como *terceiro interessado*, assim entendido aquele que era ou podia ser obrigado perante o credor. Esta exigência, de resto, vem expressa no inc. III do art. 985, acima transcrito. A questão da qualidade em que o *solvens* intervém, realizando o pagamento, tem relevância, em nosso direito, em virtude da extensão com que o sistema brasileiro legitima a intervenção de terceiros, interessados ou não, para pagamento. Ocorrendo o caso de comparecer um terceiro que pretenda realizar o pagamento, tratando-se de alguém que a lei considere como terceiro "não interessado", o credor somente estará obrigado a não recusar o pagamento se aquele o fizer *"em nome e por conta do devedor"* (art. 930, do Cód. Civil). E, neste caso, não se dará sub-rogação legal:

"Há o terceiro interessado (art. 930) e o terceiro não interessado (art. 930, parágrafo único) que pode adimplir. Esse não o faz em seu próprio nome e por conta própria: adimple, não em vez do devedor, mas em seu nome e por conta do devedor. Não há pensar-se, aí, em adimplemento com sub-rogação... para que possa haver adimplemento com sub-rogação, é de mister que outrem possa solver e tenha direito de adimplir. Por onde se vê, preliminarmente, que o terceiro que não é terceiro interessado não pode sub-rogar-se ao credor, posto que possa adimplir" (Pontes de Miranda, *Tratado de direito privado*, Tomo XXIV, § 2.958, 2).

Esta regra, aliás, é tradicional não apenas no direito brasileiro, podendo-se dizer que ela constitui um princípio que tem acompanhado o instituto da sub-rogação legal desde sua formação, cujos rudimentos encontram-se no direito romano. O velho Código Civil francês a consagra em seu art. 1.251, ao dispor que "a sub-rogação tem lugar de pleno direito: 3. em proveito daquele que, estando obrigado com outros ou *por outros* ao pagamento da dívida *tiver interesse em pagá-la*".

Mesmo o direito português que, em certos aspectos, é mais restritivo que o nosso, faz a distinção, no caso de sub-rogação legal, entre os terceiros, segundo eles sejam ou não "interessados" no adimplemento da obrigação. Prescreve o Código Civil português:

"Art. 592. Fora dos casos previstos nos artigos anteriores, ou noutras disposições de lei, o terceiro que cumpre a obrigação só fica sub-rogado nos direitos do credor *quando tiver garantido o cumprimento*, ou quando, por outra causa, *estiver diretamente interessado* na satisfação do crédito".

No caso da consulta, parece fora de dúvida que a consulente não apenas havia institucionalmente garantido o cumprimento da obrigação, posto que lhe cabia suplementar o benefício, como, em virtude dessa obrigação estatutária, comparecera ao pagamento como "terceiro interessado". Nem seria pensável o argumento de que sua obrigação haveria de limitar-se ao pagamento da diferença corretamente calculada entre o benefício concedido pela previdência estatal a aquele que, por seus estatutos, fosse devido aos beneficiários; entendendo-se não estar ela, por hipótese, obrigada a cobrir as diferenças porventura decorrentes de reduções ilegais procedida pelo INSS. Esta objeção teria de ser afastada, no mínimo, por duas razoes. *Primeiro*, a ilegalidade dessa redução, feita pelo órgão da previdência estatal, somente após o pagamento dos benefícios é que veio a ser judicialmente reconhecida como ilegal, de modo que a consulente, ao adimplir a obrigação, fizera-o em situação de rigorosa boa fé, em virtude de erro escusável, supondo legítimo e correto o valor da suplementação que então se lhe exigia. *Segundo*, ainda que se reconheça que a consulente não estava estatuariamente obrigada a adimplir a parcela suplementar, decorrente da redução ilegal dos tetos de contribuição, é certo que o sub-rogado não poderá livrar-se do reembolsar o *solvens* valendo-se de sua própria conduta ilegal.

2. Há, no entanto, um outro ponto que merece ser destacado em razão, tanto de sua importância intrínseca, para que se revela a estrutura do negócio jurídico de que se cuida, quanto por haver esta questão sido motivo de objeção expressa formulada pelo INSS, para sustentar a inexistência de sub-rogação. Referimo-nos à alegação de que não existia qualquer acordo ou contrato entre a instituição de previdência estatal e a consulente; bem como inexistia qualquer "convenção entre as partes", de que pudesse decorrer uma hipótese de sub-rogação legal.

A objeção, todavia, não tem o menor fundamento. A sub-rogação legal, como diz o Código Civil português, e o confirma o ensinamento da doutrina, prescinde até mesmo do conhecimento do devedor, quanto mais de sua aquiescência, tácita ou expressa. O antigo Código Civil português era explícito a este respeito, como se vê desta lição de um de seus mais acatados civilistas:

> "*A sub-rogação por consentimento exclusivo do credor e sem o consentimento do devedor* está prevista no já citado n° 2 do art. 779, que a admite nas duas hipóteses seguintes a) se o credor, que recebe o pagamento, ceder os seus direitos nos termos da seguinte secção; b) se o mesmo credor sub-rogar, quem houver pago, nos seus direitos, contanto que a sub-rogação seja feita expressamente e no ato do pagamento. Mas, como atrás ficou dito, a primeira hipótese representa uma inútil confusão entre a cessão e a sub-rogação e somente a segunda constitui uma sub-rogação por consentimento do credor... *O devedor é que não tem de ser ouvido neste caso, nem é necessária a sua presença para a validade do pagamento*" (os *itálivos* são nossos) (L. Cunha Gonçalves, *Tratado de direito civil*, 2ª edição, 1955, vol. V, tomo I, p. 59).

Observe-se que a hipótese figurada por Cunha Gonçalves nem mesmo corresponde a um caso de sub-rogação legal. Como se vê, a própria sub-rogação convencional prescinde da concordância, ou mesmo da ciência prévia do devedor inadimplemente. É a lição igualmente de Colin-Capitant. Procurando mostrar a diferença entre a cessão de crédito e a sub-rogação escrevem os juristas:

> "*El subrogado no necessita notificar al deudor la operación con que le beneficia*. Por el contrario, veremos cómo la cesión de crédito sólo puede serle opuesta al deudor cedido y a los terceros,

cuando ha sido notificada al deudor a aceptada por éste en documento público" (*Curso elemental de derecho civil*, 4ª edição espãnola, Madrid, 1955, 3º vol. p. 210).

Na doutrina brasileira, é clássica esta lição de M. I. Carvalho de Mendonça: "A sub-rogação é convencional quando o credor recebe o pagamento de terceiro e lhe transmite expressamente todos os seus direitos. É o que se chama *sub-rogação do credor que se passa sem intervenção do devedor* entre aquele e o terceiro. A intervenção do devedor seria inútil; a sub-rogação se dará quer ele aquiesça, quer se oponha" (*Doutrina e prática das obrigações*, 4ª ed., Tomo I, nº 321).

A. Von Tuhr, referindo-se à norma do § 267 do Código Civil alemão, que prevê o adimplemento da obrigação por terceiro, independentemente da concordância do devedor, escreve:

"En el art. 58 no se proclama la norma jurídica reconocida en el Derecho común, en el Código civil alemán (§ 267) y en el Derecho suizo, según la cual un tercero cualquiera puede hacer efectiva la deuda *sin conocimiento del deudor y contra su voluntad*, siempre y cuando que no se trate de la prestación que el deudor haya de efectuar personalmente. El acreedor no puede rechazar la prestación que le ofrezca un tercero, aun cuando éste no obre por encargo del deudor sin incurrir (para con el deudor) em mora. La protesta del deudor no impide al acreedor aceptar la prestación ofrecida por un tercero" (*Tratado de las obligaciones*, trad. española de 1934, vol. II, p. 25).

A seguir, tratando especificamente da sub-rogação, escreve o consagrado civilista:

"Hay dos casos en que el cumplimiento de la obligación efectuado por un tercero surte el efecto peculiar de que el crédito no se extingue, sino que entra en poder del tercero que paga. Este acto por virtud del cual el tercero que salda la deuda pasa a ocupar el lugar del acreedor a quien se le paga, eliminado por tanto de la obligación, suele conocerse, siguiendo el precedente del Derecho francés, con el nombre de subrogación. La subrogación confiere al tercero pagador un derecho de reembolso contra el deudor, aparte de la acción de reembolso que se derive de la cesión de negocios e del hecho del enriquecimiento" (p. 27).

E, referindo-se propriamente à *sub-rogação legal*, ensina Von Tuhr:

"La subrogación se verifica por imperio de la ley, *sin necesidad de que ninguna de las partes interesadas lo quiera* cuando, al pagar una deuda ajena, el tercero rescate una cosa dada en prenda al acreedor, para no perder un derecho real que tiene sobre ella.. El rescate de la prenda puede, *como todo pago realizado por un tercero, hacerse aun contra la voluntad del deudor*" (os itálicos não estão no original) (ob.cit. p. 28-29).

3. Somos, portanto, de parecer que a consulente está legitimada a promover ação para reaver o que pagou, contra o INSS, com fundamento em *sub-rogação legal*, na conformidade do art. 985, inc. III, do Código Civil, tendo em vista sua obrigação institucional de assegurar a suplementação dos benefícios concedidos pelo sistema de seguridade estatal, a seus "mantenedores-beneficiários", nos termos do disposto no art. 1º de seus Estatutos.

Admitindo-se, porém, que não se tenha dado uma hipótese de sub-rogação, de modo que a consulente esteja privada da correspondente pretensão a haver o ressarcimento com fundamento nessa causa, cabe indagar: – a serem relevantes, *a)* a objeção do INSS de não estar obrigado a restituir o que a consulente desembolsara, por não haver entre ambos qualquer relação jurídica de que pudesse decorrer a pretendida sub-rogação; ou, então, *b)* não estar a consulente obrigada a suplementar senão a parcela que excedesse ao benefício do sistema estatal, *corretamente calculado* -; estaria a ela, em tais casos, desprovida de qualquer outra pretensão a haver do ressarcimento? A resposta negativa já se insinuou claramente nas lições da doutrina a que antes se fez referência e que agora nos cabe explicitar, com mais pormenores. Queremos aludir à pretensão a haver ressarcimento com base em *enriquecimento injustificado*, princípio este consagrado pelo direito moderno.

Pontes de Miranda, procurando estabelecer em linhas gerais o conceito de *enriquecimento injustificado*, ensina:

"Cada pessoa tem o seu patrimônio que é a soma dos bens da vida, de valor econômico, que lhe pertencem. Se uma retira, por ato seu, ou não, do patrimônio de outra, para o seu, ou para o de terceiro, ou do seu próprio para o de outrem, algum bem da vida, ou parte dele, há de haver justificação para isso, ou o enriquecimento é injustificado" (*Tratado de direito privado*, tomo XXVI, § 3.132).

Precisando um pouco mais a noção de *enriquecimento injustificado*, preleciona o jurista:

> "O fundamento das relações jurídicas *pessoais* por enriquecimento injustificado está na exigência de justiça comulativa, que impõe a restituição daquilo que se recebeu de outrem, sem origem jurídica. Também esse é o fundamento da obrigação de indenizar gastos que se fizerem, voluntariamente, no interesse de outrem" (ob. e loc. cits).

Vimos, pela lição de Beviláqua, que o *sub-rogado*, além da ação própria da sub-rogação, poderá eventualmente valer-se de outras ações, segundo as determinações do direito material, porventura relacionado com a situação do terceiro que presta, adimplindo obrigação alheia. Dentre estas, enumera o civilista a *actio in rem verso* que, como se sabe, desempenha, desde suas origens romanas, função de instrumento reparador do enriquecimento injusto (Vd. José Luis de Los Mozos, *El principio de la buena fé*, Barcelona, 1965, p. 214; Diogo J. P. Leite de Campos, *A subsidiariedade da obrigação de restituir o enriquecimento*, Coimbra, 1974, p. 59-76).

Pontes de Miranda, mostra que, a não se dar a sub-rogação, por intervir o *solvens* na condição de "terceiro não interessado", caber-lhe-á ação de enriquecimento injustificado:

> "Se o terceiro solve, a dívida extingue-se, salvo se o terceiro o fez em seu próprio nome e por sua própria conta. Então, sub-roga-se ao credor. Não é isso o que acontece ao terceiro que adimple em nome do devedor ainda que o faça com meios próprios".

> "No caso do terceiro não interessado que adimple com o que é seu, pode haver contra o devedor ação de enriquecimento injustificado e pode não haver" (*Tratado de direito privado*, Tomo XXIV, § 2.958, 2).

A pretensão a haver o enriquecimento, porém, não se dará contra quem, sendo credor, recebera o pagamento que lhe era devido, e sim contra o devedor verdadeiro, beneficiado com o adimplemento.

4. Ficamos, portanto, no seguinte: – ou a consulente adimpliu dívida alheia, como "terceiro interessado", e neste caso, sub-rogou-se, segundo o art. 985, III, do Código Civil; ou sua intervenção se dera na condição de "terceiro não interessado", hipótese em que não teria havido sub-rogação legal, mas ter-lhe-ia nascido a pretensão a haver o *enriquecimento injustificado*, posto que esta pretensão nasce justamente quando – não havendo relação contratual entre as partes de que possa nascer uma pretensão indenizatória correspondente – tenha o prejudicado de valer-se de uma *condictio*, no caso da *condictio sine causa*.

Resta, no entanto, precisar melhor em que poderá consistir o *enriquecimento injustificado*, para determinar se, na hipótese sob análise, ter-se-ia efetivamente verificado um caso de enriquecimento que nosso direito definiria como injusto.

Para isto, é conveniente advertir desde logo que o enriquecimento que o direito considera injustificado não pressupõe ato, seja voluntário ou não, de quem se enriquece. Basta ver a hipótese paradigmática da *avulsão*, prevista pelo art. 541 do Código Civil (Pontes de Miranda, *Tratado*, tomo XXVI, § 3.132, p. 119).

Quem todavia paga dívida de outrem, supondo-se devedor, teria ação de enriquecimento injustificado? Sim, respondem os doutrinadores. O que impediria o nascimento desta pretensão seria a circunstância de pagar o *solvens* sabendo que o fazia sem estar obrigado. Se, no entanto, ao faze-lo, crê ser devedor, terá pretensão a haver o enriquecimento:

> "El pago consciente de una obligación inexistente carece de acción de restituición (§ 814). La simple inseguridad no es suficiente; ello es importante, porque muchos se dejan intimidar por la inseguid de la via judicial, es decir, por el proceso, y presionados por el acreedor, pagan por si acaso. A estos últimos no se les puede privar de la acción de restituición" (J. W. Hedemann, *Tratado de derecho civil*, vol. III, trad. espanhola, 1958, Editorial *Revista de Derecho Privado*, Madrid, § 61, V, b, 2).

Esta é também a lição de Enneccerus-Lehmann, ao tratarem do enriquecimento injusto:

"*La repetición está excluída:* a) si el que hizo la prestación sabia que no estaba obligado, sea por haberse enterado de la no existencia de la deuda o por haber tenido noticia de una objeción a ella opuesta. Para la repetición basta, pues, según el C.c., cualquier error; no la excluyen ni el error excusable ni el error de derecho; tampoco una simple duda, a menos que el pago lleve implícita una renuncia" (*Tratado de derecho civil – Derecho de obligaciones*, 2º vol., II parte, 15ª edição alemã, 3ª edição española, Barcelona, 1996, § 223, I, 3, *a*).

Na verdade, se quisermos ser mais precisos, teremos de fundar a pretensão a haver a restituição do enriquecimento injustificado numa *condictio*, sempre que o *solvens* adimplindo obrigação alheia suponha estar pessoalmente obrigado, como mostra Pontes de Miranda:

"Perjudicado volente. – (A) Se no suporte fáctico do enriquecimento *houve vontade do prejudicado*, esse, pois que quis, deu justificação ao enriquecimento de outrem. (a) Todavia essa causa pode não ter sido *eficazmente ou validamente* fixada, cabendo a *condictio* a) quem paga o que não deve, quis pagar o que acreditou (erro) existir; se não existia a dívida, a vontade dirigiu-se a fim impossível, donde a *condictio indebiti*, ou a pretensão a haver a repetição do que indevidamente se pagou" (*Tratado*, cit. Tomo XXVI, § 3.133, 2).

Pontes de Miranda, aliás, é claro ao legitimar a ação de enriquecimento injusto em favor de quem haja pago por engano, supondo-se devedor:

"O que paga dívida de outrem, crendo ser o devedor, pode repetir daquele que se enriqueceu aquilo que pagou: o devedor está quite (Paulo, L. 65, § 9, D. *de condictiones indebiti*, 12, 6). Se o que deve a um, crendo que devia pagar, por esse, ao credor desse, solve a dívida, dele pode repetir, não do credor a quem pagou (Paulo, na L. 44: '*Repetitio nulla est ab eo qui suum recepti, tametsi ab alio quam vero debitore solutum est*', não há repetição contra o que recebeu, posto que outrem que o devedor haja solvido" (*Tratado* cit., Tomo XXVI, § 3.136, 3).

Esta outra passagem em que o jurista se refere ao legitimado passivo da ação de enriquecimento injustificado, confirma o princípio:

"O que recebeu o que lhe era devido não pode ser sujeito passivo da pretensão de enriquecimento: se C se cria, erroneamente, com o dever de prestar a B, por A, a *condictio* é contra A" (*Tratado de direito privado*, Tomo XXVI, § 3.144, 4, c).

Era o que estava naquele texto do D. 12.6.44, a que alude Pontes de Miranda, na passagem há pouco o transcrita: – não se dará repetição contra quem, sendo credor verdadeiro, recebeu o que se lhe devia, mesmo quando a prestação tenha sido cumprida por outrem que, embora supondo-se devedor, na verdade não o era. A repetição, no entanto, a que terá direito o *solvens* contra o devedor enriquecido com o pagamento, está legitimada pela Lei nº 65 (D. 12, 6 § 9) a que se refere o jurista brasileiro.

Referindo-se ao texto do D. 12,6, que trata das *condictiones*, instrumento empregado pelo direito romano para tutelar os casos de enriquecimento injustificado, escrevem P. Jörs – W. Kunkel:

"El que con error disculpable acerca de la existencia de una obligación, y para cancelaria, verificaba el pago, podia exigir la devolución de lo entregado (*condictio indebiti*; D. 12.6). Este derecho correspondia al que hubiera pagado, tanto si la supuesta deuda no había existido jamás, como si estuviera cancelada o se pusiese a ella una excepción perpetua" (*Derecho privado romano*, trad. Española de 1965, Barcelona, § 155, 3, *a*).

Na verdade, como mostra Max Kaser, o regime das *condictiones* recebido pelo direito moderno tem origem no direito do imperador Justiniano, como se sabe profundamente influenciado pelas idéias cristãs e inspirado pelo princípio superior da eqüidade, que vedada o enriquecimento a custa de outrem:

"Justiniano, por no estar vinculado al esquema clásico de las actiones, ni a los rigurosos principios de la interpretación que rigen para las fórmulas procesales clásicas, siguiendo en materia de obligaciones la línea de la escuela romano oriental, a su vez tan influenciada por el cristianismo, inspira el Derecho todo referente a las *condictiones* en la equidad y singularmente en la norma fundamental, de que nadie puede enriquecerse en perjuicio de otro" (, *Derecho romano privado*, 5ª edição alemã, Madrid, 1968, § 48 III).

Esta é igualmente a lição de Diogo J. P. Leite de Campos, em sua extraordinária monografia há pouco citada (p. 157).

5. O erro, no entanto, haverá de ser provado pelo *solvens*, de modo a ficar evidenciado que o mesmo, ao adimplir dívida de outrem, supunha a existência de obrigação própria, mesmo quando o erro seja de direito:

> "Se o pagamento for realizado voluntariamente, deverá o *repetens* provar que o efetuou por erro. E, neste passo, o Direito moderno lastreia-se na idéia romana: *Si quis indebitum ignorans solvit, per hanc actionem condicere potest: sed si sciens se non debere solvit, cessat repetitio*". O erro pode referir-se, de primeiro, à existência da obrigação (indébito absoluta). Assim todo aquele que, por um erro de fato ou de direito, julgar-se em débito para com outrem, e em tal estado de espírito realizar a prestação, a título de solução, a fim de que possa repetir o que pagou deverá demonstrar o erro em que incorreu" (Caio Mário da Silva Pereira, *Instituições de direito civil*, 4ª ed., 1995, vol. II, p. 209).

No caso da consulta, porém, a prova de que o pagamento se dera por erro é conclusão que emerge das próprias circunstâncias, que afastam inteiramente a suposição de que o pagamento realizado pelo consulente tenha sido feito por mera liberalidade, sabendo ela nada dever. Na verdade, a impossibilidade de pedir-se o enriquecimento injustificado terá como limite o fato de – tendo o *solvens* consciência de que nada devia – demandar depois contra a sua própria conduta anterior (conforme o conhecido princípio romano segundo o qual *"venire contra factum proprium nulli conceditur"*). Para legitimar-se a repetição do indébito, bastará que o *solvens* não declare expressamente, no ato de cumprimento, estar ciente de que nada deve.

> "Cuando la ley niega la 'condictio': la razón para ello puede hallarse en que el que realiza la prestación ha de permitir se haga valer contra él lo que el mismo ha declarado. Dio *voluntariamente* a su prestación el carácter de cumplimiento de una obligación. La reclamación que posteriormente formulase (co-

nociendo la inexistencia de la deuda) de lo entregado supondría un *venire contra factum proprium*. De esto se deduce que el que cumple la prestación ha de poder dar a la misma el carácter de cumprimiento de una obligación siempre que al realizarla no declare que no reconoce obligación alguna o que se reserva una declaración posterior acerca de ello o cosa semejante" (Karl Larenz, *Derecho de obligaciones* 1957, Madrid, 1959, vol. II, § 63, p. 541).

Por outro lado, embora seja princípio indiscutível que se dará enriquecimento tanto no caso de haver acréscimo patrimonial verificado sem causa, quanto nas hipóteses em que o beneficiado com o enriquecimento apenas se tenha poupado de um desembolso, deve-se ressaltar o princípio que, de resto, nos vem da pandetística, a fim de evitarem-se mal-entendidos:

"Arrichiamento. Esso può consistere in un aumento del patrimonio, od in una non diminuizione. Aumento di patrimonio: acquisto d'un diritto di proprietà, d'un diritto su cosa altrui, d'un diritto di credito, conseguimento d'un possesso; liberazione da una restrizione della proprietà o da un debito. Non diminuizione del patrimonio: non diventar onerato d'una restrizione della proprietà, o d'un debito o d'una prestazione, risparmio d'una spesa, conservazione d'una cosa" (Berhardt Windscheid, *Diritto delle pandette*, vol., III, § 421, trad. Italiana de 1930, p. 634).

6. Em conclusão, somos de parecer que a consulente te legitimidade *ad causam* para promover a ação de ressarcimento com fundamento em *sub-rogação legal*. Entretanto, na hipótese de concluir-se pela inexistência desta espécie de sub-rogação, então caber-lhe-á ação por *enriquecimento injustificado*.

As duas pretensões podem perfeitamente cumularem-se numa mesma ação, sob a forma de cumulação alternativa eventual (sobre esta espécie de cumulação, veja-se o que escrevemos em nosso *Curso de processo civil*, 1º vol., 3ª edição, p. 188).

7. Finalmente, entendemos que a consulente está diretamente legitimada para as ações de que se trata, dispensando-se qualquer autorização ou mandato de seus respectivos segurados. Ao prestar, adimplindo obrigação de responsabilidade do INSS, adquiriu direi-

to pessoal, qualquer que seja o fundamento que se lhe queira dar, seja como restituição fundada em sub-rogação, seja como ressarcimento decorrente de enriquecimento injustificado.

É o parecer.

Porto Alegre, 27 de julho de 1996.

Índice onomástico

Adriana Fagundes Burger – p. 110
Andrea Proto Pisani – p. 82
António Menezes Cordeiro – p. 120
Armando de Oliveira Assis – p. 43, 44, 60, 66, 67, 69, 86
Ayrton Pimentel – p. 101, 104
Barrajo Dacruz – p. 45
Benedetto Croce – p. 12
Berhardt Windscheid – p. 162
Betina Treiger Grupenmacher – p. 145
Boaventura de Souza Santos – p. 14
Caio Mário da Silva Pereira – p. 161
Casinos Mora – p. 100
Chiovenda – p. 81
Cian-Trabucchi – p. 58, 59, 64
Clóvis Bevilaqua – p. 48, 50, 70, 136, 151
Colin-Capitant – p. 154
Diogo J. P. Leite de Campos – p. 157, 161
Edson Malachini – p. 105
Enneccerus-Lehmann – p. 159
Enneccerus-Wolf – p. 136
Ernesto Tzirulnik – p. 101, 104
Fábio Comparato – p. 95
Fernando Emydgio da Silva – p. 45, 57, 63
Fernando Emydgio da Silva – p. 46, 47, 48, 49, 58, 64
Flávio Cavalcanti – p. 101, 104
Fran Martins – p. 23
Francesco Santoro Passarelli – p. 80
Francisco Javier Casinos Mora – p.100
François Ewald – p. 102, 108
Franz Wieacker – p. 21
Hans Welzel – p. 89
Heinrich Henkel – p. 89
Henry Summer Maine – p. 9
J. Halperin – p. 50, 55, 68
J. Hünicken – p. 68, 70
J. W. Hedemann – p. 158
John Dewey – p. 13
José Cláudio Ribeiro Oliveira – p. 145
José Frederico Marques – p. 82
José Luis de Los Mozos – p. 157
José Xavier Carvalho de Mendonça – p. 23, 136
Joseph Schumpeter – 14
Júlio Kahan Mandel – p. 139
Karl Larenz – p. 84, 162
L. Cunha Gonçalves – p. 154
Lehrbuch der Pandekten – p. 79
M. I. Carvalho de Mendonça – p. 155
Maurice Cozian – p. 102, 110
Max Kaser – p. 161
Max Weber – p. 8, 9,
Michel Villey – p. 78
Nelson Nery Júnior – p. 76
Octavian Ionescu – p. 81
Oliveira Ascensão – p. 137
Orlando Gomes – p. 46
P. Calamandrei – p. 100
P. Jörs – p. 160

Pablo A. Ramella – p. 51, 63
Paul Roubier – p. 80
Paulo César Andrade Siqueira – p. 39
Pedro Alvim – p. 93
Pietro Trimarchi – p. 58, 90
Pitirim Sorokin – p. 143
Pontes de Miranda – p. 46, 59, 91, 93, 94, 104, 136, 137, 152, 156, 157, 158, 159, 160
Raymond Williams – p. 13
Rosa Maria de Andrade Nery – p. 76
Rosario Ippolito – p. 90
Rudolf Von Jhering – p. 81
Savigny – p. 79

Summer Maine – p. 12
Teori Zavascki – p. 76
Ulrich Beck – p. 103
Vittorio Salandra – p. 54, 64
Vivante – p. 63
Von Tuhr – p. 155, 156
W. Kunkel – p. 160
Waldemar Ferreira – p. 22
Wallerstein – p. 14
Walmor Franke – p. 26, 28, 39, 144
Watanabe – p. 74
Zygmunt Bauman – p. 9